이야기로 펼치는 창의적 글쓰기

발행일	2022년 6월 30일

지은이	신정은		
펴낸이	손형국		
펴낸곳	(주)북랩		
편집인	선일영	편집	정두철, 배진용, 김현아, 박준, 장하영
디자인	이현수, 김민하, 김영주, 안유경, 신혜림	제작	박기성, 황동현, 구성우, 권태련
마케팅	김회란, 박진관		
출판등록	2004. 12. 1(제2012-000051호)		
주소	서울특별시 금천구 가산디지털 1로 168, 우림라이온스밸리 B동 B113~114호, C동 B101호		
홈페이지	www.book.co.kr		
전화번호	(02)2026-5777	팩스	(02)2026-5747

ISBN	979-11-6836-367-0 03370 (종이책)	979-11-6836-368-7 05370 (전자책)	

(주)북랩 성공출판의 파트너

북랩 홈페이지와 패밀리 사이트에서 다양한 출판 솔루션을 만나 보세요!

홈페이지 book.co.kr • **블로그** blog.naver.com/essaybook • **출판문의** book@book.co.kr

창의력과 상상력으로 작가 되기 프로젝트

이야기로 펼치는
창의적 글쓰기

신정은 지음

창의적인 글쓰기란 바로 이런 것!
인문영재교육 전문가가 공개하는 글쓰기 비법

 북랩

들어가는 말

●

학교에서 교과서로만 하는 수업은 재미없어요. 가끔은 귀염둥이 제자들이 아주 불쌍한 붕어빵으로 보여요. 교과서라는 틀에 예쁘게 담아 구워 내는 붕어빵. 1학년 때는 그나마 초롱초롱한 눈으로 붕어빵 틀에서 슬금슬금 도망 나와 자신만의 생각을 자신 있게 외쳐요. 하지만 6학년이 되면 붕어빵 틀에 주저앉아 다 같은 소리를 내요. 학교는 지겹고 힘든 곳, 벗어나고 싶은 곳. 하지만 어쩔 수 없이 자유로운 생각의 반항을 억누르며 안주하는 곳이 되고 말아요.

사랑하는 제자들이 자신의 생각을 자유롭게 펼치고 성장할 수 있도록 도와주고 싶었어요. 우주를 여행하는 여행자가 되어 국어 시간에는 상상을 펼치며 뒷이야기도 적어 보고, 과학 시간에는 우주에서 탐험한 별의 자연환경을 탐사하며 연구도 해 보고, 사회 시간에는 우주에서 만난 한 행성의 사회적 구조도 엿보는 거죠.

교직에서 17년간 교과서의 핵심 내용을 이야기 속에서 학생들이 이야기 주인공이 되어 재밌게 배울 수 있도록 도왔어요. 학문적인 지식도 중요하지만 마음의 성장도 중요해요. 이야기를 통해 감동과 깨달음을 주며 삶의 지혜도 키울 수 있도록 노력했어요. 거창하긴 하지만 이런 수업을 이야기 교수법이라고 불러요.

이야기 교수법을 통해 많은 제자들이 창의성을 발휘하고, 눈에 생기가 돌며 붕어빵 틀을 탈출하는 모습을 보았어요. 수많은 이야기 시리즈물로 수학, 사회, 과학, 음악 등 여러 교과의 통합 수업을 했지만 이 책에서는 글쓰기 위주의 이야기만 골라 엮었답니다.

영재원에서 5년 동안 인문 영재 수업을 하면서 우리나라의 영재들도 글쓰기에 어려움을 느끼는 모습을 보았어요. 그래서 학교에서 썼던 이야기 교수법으로 영재 수업을 해 보았어요. 즐겁게 글쓰기를 하는 모습을 보면서 뿌듯했어요. 이제 여러분에게도 도움을 주고 싶어요.

이 책을 통해 재미있는 이야기도 읽으면서, 즐거운 마음으로 글쓰기 연습을 해 보셨으면 합니다.

2022년 6월
신정은

차례

II

창의적 글쓰기 훈련

부록

이야기로
배우는
글쓰기

<장르>

1. 유령버스

창의력과 상상력으로 작가 되기 프로젝트

이야기로 펼치는
창의적 글쓰기

신정은 지음

창의적인 글쓰기란 바로 이런 것!
인문영재교육 전문가가 공개하는 글쓰기 비법

 북랩

들어가는 말

　학교에서 교과서로만 하는 수업은 재미없어요. 가끔은 귀염둥이 제자들이 아주 불쌍한 붕어빵으로 보여요. 교과서라는 틀에 예쁘게 담아 구워 내는 붕어빵. 1학년 때는 그나마 초롱초롱한 눈으로 붕어빵 틀에서 슬금슬금 도망 나와 자신만의 생각을 자신 있게 외쳐요. 하지만 6학년이 되면 붕어빵 틀에 주저앉아 다 같은 소리를 내요. 학교는 지겹고 힘든 곳, 벗어나고 싶은 곳. 하지만 어쩔 수 없이 자유로운 생각의 반항을 억누르며 안주하는 곳이 되고 말아요.

　사랑하는 제자들이 자신의 생각을 자유롭게 펼치고 성장할 수 있도록 도와주고 싶었어요. 우주를 여행하는 여행자가 되어 국어 시간에는 상상을 펼치며 뒷이야기도 적어 보고, 과학 시간에는 우주에서 탐험한 별의 자연환경을 탐사하며 연구도 해 보고, 사회 시간에는 우주에서 만난 한 행성의 사회적 구조도 엿보는 거죠.

교직에서 17년간 교과서의 핵심 내용을 이야기 속에서 학생들이 이야기 주인공이 되어 재밌게 배울 수 있도록 도왔어요. 학문적인 지식도 중요하지만 마음의 성장도 중요해요. 이야기를 통해 감동과 깨달음을 주며 삶의 지혜도 키울 수 있도록 노력했어요. 거창하긴 하지만 이런 수업을 이야기 교수법이라고 불러요.

이야기 교수법을 통해 많은 제자들이 창의성을 발휘하고, 눈에 생기가 돌며 붕어빵 틀을 탈출하는 모습을 보았어요. 수많은 이야기 시리즈물로 수학, 사회, 과학, 음악 등 여러 교과의 통합 수업을 했지만 이 책에서는 글쓰기 위주의 이야기만 골라 엮었답니다.

영재원에서 5년 동안 인문 영재 수업을 하면서 우리나라의 영재들도 글쓰기에 어려움을 느끼는 모습을 보았어요. 그래서 학교에서 썼던 이야기 교수법으로 영재 수업을 해 보았어요. 즐겁게 글쓰기를 하는 모습을 보면서 뿌듯했어요. 이제 여러분에게도 도움을 주고 싶어요.

이 책을 통해 재미있는 이야기도 읽으면서, 즐거운 마음으로 글쓰기 연습을 해 보셨으면 합니다.

2022년 6월
신정은

차
례

이야기로 배우는 글쓰기

Ⅱ 창의적 글쓰기 훈련

부록

이야기로
배우는
글쓰기

<장르>

1. 유령버스

유령버스

학교에서 체험학습 가는 날이야. 학교에 9시 30분까지 가면 되는데 너무 일찍 도착했어. 교실에 지민이, 정숙, 호준이와 윤석이도 와 있었어.

"얘들아, 우리 선생님 오시기 전에 학교 앞 마트 안 갈래? 내가 살게."

지민이가 두둑한 지갑을 만지작거리며 말했어.

"마트 가면 제시간에 학교 못 올 것 같은데, 괜찮을까?"

정숙이가 걱정되는 듯 우리를 쳐다보며 말했어.

"우리 반 여자애들은 확실히 소심해. 특히, 너 정숙이! 넌 너무 걱정이 많아. 신정은 선생님께서는 우리를 두고 가실 분이 아니시지.

우리를 기다려주실걸. 지민이가 사 준다고 할 때 가자. 교실에 혼자 있으면 무서울 것 같은데."

호준이가 정숙이를 곁눈질하며 말했어. 호준이는 나한테 정숙이 좋아한다고 말해 놓고는 정숙이가 말할 때마다 자꾸 시비야.

"호준이 너, 남녀 성차별에 대해 배웠잖아! 네가 한 말이 바로 성차별이라구. 무서워서가 아니라 너희들 제때 오게 하려면 내가 나서야겠다."

정숙이는 호준이 말에 기분이 나빴는지 입을 삐죽거리며 마지못해 우리를 따라나서며 말했지. 마트에서 우린 정말 신났어. 지민이가 마음대로 먹고 싶은 것, 갖고 싶은 것 고르라고 했거든.

"얘들아, 10시야! 어떡해! 빨리 가자."

정숙이가 시계를 보면서 소리치자 우린 느긋하게 학교로 향했어. 난 좀 걱정이 되기는 했어. 하지만 정숙이만 빼고 모두 다 느긋하니 나도 마음이 놓일 수밖에.

"앗! 우리 두고 다들 출발했나 봐!"

정숙이가 텅 빈 교실을 보며 소리쳤어. 교실에 도착했는데 친구들

실내화만 바닥에 뒹굴고 있었어. 우린 모두 체험학습 갈 때마다 버스가 대기했던 장소로 뛰어갔어.

"야! 저기 봐! 버스 한 대 있는데, 우리 반 아니야?"

윤석이가 멀리 떨어진 길가에 세워진 허름한 버스 한 대를 가리키며 말했지. 우린 모두 허겁지겁 그쪽으로 달려갔어. 깨진 유리창에는 테이프가 더덕더덕 붙어 있고, 이곳저곳 부서져서 정말 움직이는 버스 맞나 할 정도로 형편없는 버스였다니깐. 난 유심히 버스 앞을 봤지. 귀곡초, 4학년 5반이라고 선명하게 적힌 안내판을 보고 나서야 안도의 한숨을 쉬며 버스에 올랐어.

✳ 내가 말한 버스의 모습을 상상해서 그려 봐.

신정은 선생님과 반 아이들은 인사도 없이 묵묵히 정자세로 앉아 있었어. 우린 멋쩍은 듯 선생님께 목례를 하고 빈자리에 살금살금 걸어가 앉았어. 우리를 볼 때마다 반갑게 인사하는 선생님과 우리 반 친구들이 한마디도 하지 않는 걸 보니 정말 화가 많이 난 것 같 았어. 우리가 앉자마자 버스는 조용히 출발했지. 체험학습 갈 때마 다 왁자지껄 떠드는 우리 반 친구들이었는데 아무런 말도 하지 않 고 움직임 없이 정면을 응시하는 친구들이 무서울 정도였다니깐. 오 늘 아침, 너무 일찍 일어난 탓에 졸음이 몰려왔어. 잠깐 눈을 감고 있는데 옆에 앉아 있는 윤석이가 나를 흔들어 깨웠어.

"진욱아, 밖을 봐 봐, 깜깜해. 체험학습장은 보이지도 않고 버스 가 점점 산으로 가고 있어. 저기 앞에서부터는 자갈길이야. 뭔가 이 상하지 않아? 내 휴대폰 좀 봐. 시간이 아직도 10시 10분이야. 엄마 한테 전화했는데 발신 제한 지역이래."

윤석이는 떨리는 목소리로 조용히 귓속말을 건넸어. 나도 내 폰을 꺼내 봤지.

"내 휴대폰 시간도 10시 10분! 뭔가 이상해! 윤석아, 내가 선생님께 한번 말씀드려 볼게.”

난 신정은 선생님께 조용히 다가가 말했어.

“선생님, 버스가 자꾸 산으로 가는 데 여기가 체험학습 장소 맞나요?”

선생님은 눈도 마주치지 않으셨어. 그런 모습은 처음이야. 우리 다섯 명만 불안한 듯 서로를 쳐다봤지. 호준이는 벌떡 일어서서 선생님 옆자리로 성큼성큼 가더니 선생님 어깨를 툭 치며 불렀어.

“선생님!”

“악!”

호준이 손이 선생님 어깨에 닿자 선생님께서 연기처럼 사라지는 것 있지. 우린 모두 깜짝 놀라 앉아 있는 친구들을 흔들었어. 친구들을 만질 때마다 선생님처럼 사라져 버렸어. 우린 얼굴이 파래지고, 난 손발이 후들후들 떨려 그 자리에 주저앉고 말았지. 지민이는 얼른 버스 기사님에게 갔어.

“기사님! 차 세워주세요.”

지민이가 버스 기사님 팔을 잡자, 기사님 몸통이 ‘휘리릭’ 연기처럼

<인물>

2. 아기코끼리

아기코끼리

깊은 숲속 밀림에 아빠코끼리와 아기코끼리가 풀을 뜯고 있었어. 어느 날, 밀렵꾼 둘이 사냥을 나왔다가 그 모습을 본 거지.

"와우, 저 코끼리의 커다란 상아, 돈 좀 되겠는걸! 저 상아는 내 것!"

콧수염이 덥수룩한 밀렵꾼 아저씨 한 분이 씨익 웃으며 말했어.

"그럼 아기코끼리는 내 것이네. 서커스단에 팔면 돈 좀 되겠는걸."

밀렵꾼 둘은 돈 벌 생각에 들떠서 힘껏 달려가 덮쳤지. 아빠코끼리와 아기코끼리는 잡히고 말았어. 아빠코끼리에게 일어난 일은 말하고 싶지 않아. 이유는 알지? 아기코끼리는 밀렵꾼의 계획대로 서커스단에 팔렸어. 서커스단에서 아기코끼리는 동물을 무척이나 사

사라지는 거야. 글쎄, 팔만 핸들에 매달려있는 것 있지. 액셀을 밟지 않아도 버스는 계속 달렸어. 정숙이, 호준이, 윤석이는 잽싸게 지민이 옆으로 달려가 핸들에 매달린 손을 잡아떼려고 안간힘을 썼지. 나도 뭔가를 해야겠다 싶어 떨리는 다리를 끌고 버스 앞쪽으로 향했어. 아버지께서 운전하실 때 유심히 봤던 핸들 아래 브레이크를 힘껏 눌렀지. 분명 브레이크를 밟았는데 액셀을 밟은 듯 버스는 더 세게 달렸어. 점점 더 깊은 숲속으로….

앞으로 우리에게 어떤 일이 생길까?
뒷이야기는 너에게 맡길게.

＊여기서 잠깐

글을 쓰기 전 22쪽 '장르'를 읽어 봅시다. 장르에 어울리게 유령버스의 뒷이야기를 상상하여 간단하게 줄거리로 써 봅시다. 예를 참고해도 좋아요.

추리	
	⑩ 처음부터 버스에 타지 않았던 주인공 다섯 명의 실종 사건
스릴러	
	⑩ 아슬아슬 유령버스 탈출 이야기
공포	
	⑩ 공동묘지 앞에서 멈추는 유령버스

공상 과학	 ⑩ 유령버스는 UFO였고 깊은 산 속에서 우주로 가는 이야기
판타지	 ⑩ 버스가 또 다른 차원으로 이동해서 겪는 이야기
무협	 ⑩ 유령버스가 도착한 유령마을에서 펼쳐지는 무술 싸움

로맨스	
	예 호준이와 정숙이의 사랑 이야기

선생님께서 들려주신 유령버스 뒷이야기는 어떤 장르의 이야기일까? 원본 이야기 말이야. 궁금해하는 아이들이 항상 뒷이야기 해달라고 졸랐거든. 공포 장르인데 유령마을로 간 친구들이 온갖 고생을 하고 돌아와서 사회 시간에 유령마을 지도를 만드는 활동을 했었어. 과학 시간에는 추리 장르로 이야기가 이어지는데, 지민이가 유령마을 지하실에서 주머니를 주워 와. 주머니를 열어 보니 이상한 모양의 씨앗이 나오네! 그 씨앗에 관한 이야기는 과학 시간에 식물의 하루살이를 공부할 때 들려줬지. 이렇듯 한 이야기에 다양한 장르가 쓰일 수도 있어.

✳생각해 보기

약속을 쉽게 생각한 적 있어? 아무리 사소한 약속이라도 지키지 않으면 누군가 또는 무엇인가에 피해를 주게 돼. 가장 큰 피해를 받는 사람은 약속을 어긴 바로 본인이야. 자신의 큰 자산, 신용을 잃게 되거든. 학교에서 체험학습 가는 날 시간 약속을 어기고 꼭 늦는 친구들이 있었어. 친구 한 명 때문에 학년 전체가 늦게 출발한 적도 있지. 그러지 않길 바라. 혹시 유령버스 이야기 같은 일을 겪게 될지도 모르니깐.

장르

장르란 서양의 라틴어 'Genus'에서 유래한 것으로, 원래 장르라는 말은 생물을 분류할 때 사용했으나 문학에서 받아들여 문학 양식을 의미해요. 어떤 사건을 이야기를 쓰는 서사 갈래에는 그 내용에 따라 다양한 장르가 있답니다.

장르에 대해 알아볼까요?

◊ 추리

범죄가 일어난 사건을 조사하고 해결하는 것을 줄거리로 해요.

예) 『셜록홈즈』

◊ 스릴러

인물이 어떤 사건에 휘말리면서 앞으로 벌어지는 긴박한 전개에
초점을 둬요.

예) 『헨젤과 그레텔』

◊ 공포(호러)

독자들을 공포에 빠뜨리고 감정의 급격한 변화를 일으키는 것에
목적을 두는 내용을 다뤄요

예) 『인형의 냄새』, 『금이 간 거울』

◊ 공상과학(SF)

과학이나 우주에 관련된 이야기예요.

예) 『빨간 아이, 봇』

◊ 판타지

글쓴이가 새롭게 만든 세계나 신비가 가득한 세계를 배경으로 하

는 이야기예요.

예) 『해리포터』 시리즈

◊ 무협(액션)

각종 무술이나 끊임없는 동작 등을 주요 소재로 삼아요.

예) 『건방이의 초강력 수련기』

◊ 로맨스

사랑을 다루는 이야기예요.

예) 『서아와 달빛 궁궐』, 『신데렐라』

<인물>

2. 아기코끼리

아기코끼리

깊은 숲속 밀림에 아빠코끼리와 아기코끼리가 풀을 뜯고 있었어. 어느 날, 밀렵꾼 둘이 사냥을 나왔다가 그 모습을 본 거지.

"와우, 저 코끼리의 커다란 상아, 돈 좀 되겠는걸! 저 상아는 내 것!"

콧수염이 덥수룩한 밀렵꾼 아저씨 한 분이 씨익 웃으며 말했어.

"그럼 아기코끼리는 내 것이네. 서커스단에 팔면 돈 좀 되겠는걸."

밀렵꾼 둘은 돈 벌 생각에 들떠서 힘껏 달려가 덮쳤지. 아빠코끼리와 아기코끼리는 잡히고 말았어. 아빠코끼리에게 일어난 일은 말하고 싶지 않아. 이유는 알지? 아기코끼리는 밀렵꾼의 계획대로 서커스단에 팔렸어. 서커스단에서 아기코끼리는 동물을 무척이나 사랑하는 '가' 조련사와 동물 때리기가 취미인 '나' 조련사를 만났지. 아기코끼리는 오전에 '가' 조련사에게 훈련을 받아.

"에구, 우리 귀염둥이 아기코끼리야, 이것 먹고 오른쪽으로 한 번 구르자."

'가' 조련사는 커다란 관목 잎을 내밀며 친절하게 부탁했어. '구를까? 말까? 구를까? 말까?' 아기코끼리는 앞발 한쪽을 살랑살랑 흔들며 '가' 조련사의 간곡한 부탁에도 장난을 쳤지. '가' 조련사가 좋았지만 편했던 거야. '나' 조련사 앞에서 아기코끼리는 어떨 것 같아? 맞아. '나' 조련사는 커다란 채찍을 휘두르면 손가락만 굴려도, 아기코끼리는 온 힘을 다해 구르는 것 있지. 그 모습을 보면 같은 코끼리 맞나 싶다니깐. 이 모습을 서커스 단장님이 보신 거야. 단장님은 '가' 조련사에게 화가 났지.

"당신같이 실력 없는 조련사는 필요 없소! 당장 나가시오!"

단장님 말에 '가' 조련사는 서커스단을 떠났어. 아기코끼리는 고개를 푹 숙이고 떠나는 '가' 조련사 뒷모습을 눈시울을 붉히며 한참 동안 쳐다봤어. 미안한 마음이 들었지만 이미 늦었지. 그날부터 아기코끼리는 매를 맞으며, 욕설을 들으며 '나' 조련사의 혹독한 훈련을 견뎌야 했어. 온몸에 상처를 입고 힘없이 누운 아기코끼리는 '가' 조련사를 생각하며 오늘도 눈물을 흘렸지.

등장인물들, '가' 조련사와 '나' 조련사, 서커스 단장님, 아기코끼리의 이름을 지어 줘. 생김새는 어떨 것 같아?

*여기서 잠깐

36쪽에서 '인물' 만드는 법을 알아보고 이름과 모습을 정해 봅시다.

'가' 조련사

이름	
모습	

'나' 조련사

이름	
모습	

아기코끼리

이름	
모습	

서커스 단장님

이름	
모습	

오늘도 훈련이 있는 날이야. '나' 조련사는 누워 있는 코끼리를 채찍으로 힘껏 내려쳤지. 아무리 때려도 일어나지 않는 거야. '나' 조련사는 아픈 아기코끼리를 단장님이 볼까 걱정이 되었어. 단장님 몰래 동물병원에 데려갔지.

한나절 치료를 받고 눈을 뜬 아기코끼리는 그곳에서 우연히 '가' 조련사와 마주쳤어.

어떤 이야기가 펼쳐질까? 자신이 만든 등장인물들의 이름을 넣어 뒷이야기를 써 봐.

<배경>

3. 파랑새

파랑새

   온 세상이 파란 지구보다, 파란색 물감보다 더 파아란 별이 있었어. 그곳에는 호기심 많은 파랑새가 한 마리 살고 있었지. 왜 한 마리만 사는지 궁금해? 어느 날 아침 파란 햇살을 받으며 눈을 떠 보니 혼자야. 어제까지 있었던 친구들이 모두 다 사라져 버렸지. 호기심 많은 파랑새는 생각했어.

   '도대체 다른 파랑새들은 나 혼자 남겨 두고 어디로 가 버렸을까?' 파랑새는 외롭지도 않고 슬퍼하지도 않았어. 이 별에 사는 생명체는 심장이 없어 감정을 느낄 수 없거든. 파랑새는 다른 친구들이 사라진 그날부터 매일 파란 별을 뒤졌어. 이 별에서 나고 자란 파랑새는 안 가 본 곳이 없지만 파란 공책에 파란 줄 그어 가며 꼼꼼

*생각해 보기

자신에게 친절을 베푼 사람들에게 함부로 대했던 적 있어? 가까이에 있는 사람

일수록, 편한 사람일수록 이 세상에서 가장 소중한 존재야. 항상 감사하는 마음을

갖고 예의를 지켜야 해. 소중한 존재를 잃고 아기코끼리처럼 후회하는 삶을 살지 않

있으면 해.

인물

'이야기에 나오는 인물'에서 인물은 일정한 상황에서 어떤 역할을 하는 대상을 뜻해요. 동물, 식물, 사물 등 어떤 것도 인물이 될 수 있어요. 이야기에 등장하는 인물은 이름, 성격, 특징을 가지고 있답니다.

◊ **이름의 사전적 의미는 무엇일까요?**

다른 것과 구별하기 위하여 사람이나 사물, 단체, 현상 등에 붙여서 부르는 기호를 의미해요.

◊ 이야기에서 쓰기에 어색한 이름은 무엇일까요?

① 너무 긴 이름

 - 이야기의 흐름을 방해해요.

② 시대에 어울리지 않는 이름

 - 옛날 이야기 주인공 이름이 김예나, 박세라면 어색해요.

③ 장소에 어울리지 않는 이름

 - 미국 사람으로 등장하는 인물의 이름이 신정은이면 어색해요.

④ 성격과 이름이 어울리지 않는 이름

 - 점잖은 선비의 이름이 '똥개'나 '덜렁이'면 이상해요.

◊ 이야기에 어울리는 이름을 알아볼까요?

① 착하면서 순한 이미지에 어울리는 이름의 예

 - 한바름, 순둥이

② 강하면서 나쁜 이미지에 어울리는 이름의 예

 - 한오기, 뻔돌이, 뻥순이

③ 판타지 소설의 장소 이름

　- 왕국이나 마을의 이름, 주인공의 이름은 실제 예전에 살았던 곳의 지명이
　　나 인물의 이름을 빌려 쓰면 좋아요.

◊ **성격의 사전적 의미는 무엇일까요?**

① 개인이 가지고 있는 고유의 성질이나 품성을 의미해요.

② 환경에 대하여 특정한 행동 형태를 나타내고, 그것을 유지하고
　　발전시킨 개인의 독특한 심리적 체계를 의미해요. 각 개인이
　　가진 남과 다른 자기만의 행동 양식으로, 선천적인 요인과 후
　　천적인 영향에 의하여 형성된답니다.

◊ **성격의 예를 알아볼까요?**

① 상상력이 풍부하며 철두철미한 계획을 세우는 성격

② 사람들과 함께 지내는 것을 좋아하는 성격

③ 다른 사람들을 잘 이끌어 앞장서는 성격

④ 끊임없이 새로운 지식을 찾는 성격

⑤ 항상 웃을 거리를 찾아다니는 활발한 성격

⑥ 상상력이 풍부한 성격

⑦ 논쟁을 즐기는 성격

⑧ 수다가 즐거워 말이 많은 성격

⑨ 부끄러움이 많고 조용한 성격

⑩ 혼자 있는 것을 좋아하는 성격

⑪ 다른 사람들을 잘 도와주는 성격

⑫ 즐겁게 노는 것을 좋아하는 성격

⑬ 공부하는 것을 좋아하는 성격

⑭ 모험과 도전을 좋아하는 성격

◊ **인물의 성격은 이야기 속에서 어떤 역할을 할까요?**

콩쥐가 투덜거리기 좋아하는 성격이라면 이야기는 어떻게 바뀔까요? 신데렐라가 어리바리한 성격이라면 무도회에서 어떤 일이 일어날까요? 상상해 보면 인물에 성격에 따라 이야기의 내용과 흐름은 완전히 바뀌게 됩니다. 이야기에서 설정하고자 하는 인물을 만들고 인물의 성격이 이야기에 어울리게 일관성이 있어야 해요.

◊ 특징의 사전적 의미는 무엇일까요?

다른 것에 비하여 특별히 눈에 띄는 점을 특징이라고 해요.

◊ 특징의 예를 알아볼까요?

인물의 특별한 능력이나 습관을 말해요. 예를 들어, '쳇'과 같이 자주 쓰는 말투가 있거나(예: 파랑새), 무서우면 다리를 심하게 떤다거나(예: '공포의 수학 시간'에 등장하는 영규), 화가 나면 책을 읽는다거나(예: '별이 된 아이'에 등장하는 용희), 남들이 보지 못하는 것을 보는 능력(예: 무지개를 사랑한 강아지)이 있기도 해요.

◊ 인물을 정한 후 다음 내용을 점검해 볼 수 있어요.

인물 체크리스트	
이름은?	
인물의 종류는? ⑩ 인간, 외계인, 동물, 식물	
별명이 있다면? ⑩ 깜식이, 꺼벙이, 비실이	
나이는? ⑩ 초등학교 4학년, 아이, 어른, 노인	
성별은? ⑩ 수컷, 암컷, 남자, 여자	
좋아하는 것이 있다면? ⑩ 특정 음식, 계절, 운동, 나라	
직업이 있다면? ⑩ 선생님, 기사님	
가족 구성원은? ⑩ 아빠, 엄마, 동생, 강아지	
친구는? ⑩ 좋아하는 친구, 미운 친구	
특별한 물건이 있다면? ⑩ 요술 몽당연필	
버릇은? ⑩ "있잖아!" 인물이 이 말을 할 때 잘 들어 달라는 의미가 될 수 있음. ⑩ 코딱지를 파는 버릇	
장점과 단점은? ⑩ 사람들을 웃기는 장점 ⑩ 친구를 잘 놀리는 단점	
생김새는? ⑩ 달팽이 집이 없어요. ⑩ 키가 커요.	
사는 곳은? ⑩ 파란별, 달팽이 마을, 인천	

＊인물 만들기 연습

'내가 만일 (   )라면…'

아래 예시를 보고 생각나는 대로 적어 봅시다.

⑩ 내가 만일 연필이라면 시험 볼 때 정답만 쓰고 싶어요.

⑩ 내가 만일 고양이라면 우리 동생 신발을 숨겨두고 싶어요.

☛

☛

☛

☛

☛

☛

☛

✳️**이름, 성격, 특징을 정해 나만의 인물을 만들어 봅시다.**

㉠ 내가 만일 연필이라면 시험 볼 때 정답만 쓰고 싶어요.

☞ **이름**: 족집게 도사 연필, **성격**: 불량한 자선가, **특징**: 정답만 써주는 연필

㉠ 내가 만일 고양이라면 우리 동생 신발을 숨겨두고 싶어요.

☞ **이름**: 못된 고양이, **성격**: 정의로운 고집쟁이, **특징**: 아무도 모르게 잘 숨겨요.

이름	
성격	

특징	

<배경>

3. 파랑새

파랑새

　온 세상이 파란 지구보다, 파란색 물감보다 더 파아란 별이 있었어. 그곳에는 호기심 많은 파랑새가 한 마리 살고 있었지. 왜 한 마리만 사는지 궁금해? 어느 날 아침 파란 햇살을 받으며 눈을 떠 보니 혼자야. 어제까지 있었던 친구들이 모두 다 사라져 버렸지. 호기심 많은 파랑새는 생각했어.

　'도대체 다른 파랑새들은 나 혼자 남겨 두고 어디로 가 버렸을까?' 파랑새는 외롭지도 않고 슬퍼하지도 않았어. 이 별에 사는 생명체는 심장이 없어 감정을 느낄 수 없거든. 파랑새는 다른 친구들이 사라진 그날부터 매일 파란 별을 뒤졌어. 이 별에서 나고 자란 파랑새는 안 가 본 곳이 없지만 파란 공책에 파란 줄 그어 가며 꼼꼼

내 이야기의 주인공이 춤추는 개미라면

☛ 시간적 배경:

☛ 공간적 배경:

<갈등>

4. 무지개를 사랑한 강아지

히 이 별을 둘러봤지. 이 별은 지구만큼 크지 않아서 한 달이면 거뜬하게 한 번은 둘러볼 수 있어.

한 달을 그렇게 파란 별을 뒤졌어. 파랑새는 지쳐서 파란 나뭇가지에 앉아 쉬었지. '내가 가 보지 않은 곳이 어디일까?' 곰곰이 생각하던 파랑새는 두 눈을 반짝이며 소리쳤어.

"아! 파란 샘물 속과 파란 하늘을 안 뒤졌네. 파란 샘물은 숨을 쉴 수 없으니 생략하고, 오늘은 파란 하늘에서 친구들을 찾아봐야겠어."

파랑새는 지금껏 한번도 하늘 끝까지 가 본 적이 없어. 호기심 많은 파랑새는 너무 궁금해서 곧장 쏜살같이 하늘 위로 날았지. 날고, 날고 또 날아도 끝이 보이지 않는 거야.

"아이구! 힘들어! 어디 잠시 쉴 곳이 없나. 팔다리가 쑤시는군. 그래도 오늘은 친구들을 꼭 찾고 말겠어."

파랑새는 아픈 것을 꾹 참고 계속 날았지.

"윽! 눈부셔. 에이, 선글라스를 챙겨 오는 건데."

파랑새는 눈부신 햇빛에 눈을 꾹 감고 투덜거렸지. 파란 별 크기

보다 더 높은 하늘을 한없이 날던 어느 날, '툭' 무언가에 부딪쳤어. 눈부셔서 감았던 눈을 살포시 떴지. 처음 보는 색을 지닌 벽이 눈앞에 있는 거야.

'이곳이 어딜까?' 저 아래로 파란 별이 점처럼 보여. '이 벽 뒤에는 무엇이 있을까?' 파랑새는 배가 몹시 고프고 힘들었지만 처음 보는 색을 지닌 벽 뒤에 무엇이 있는지 너무 궁금했지. 온 힘을 다해 벽을 쪼았어.

"앗, 눈부셔!"

파랑새는 갑자기 쏟아지는 빛 때문에 소리를 질렀지. 자기가 쪼았던 구멍 사이로 밝은 빛이 들어오는 거야. 파란 빛이 아닌 다른 색을 가진 빛이야.

"어, 이건 지금껏 한번도 본 적 없는 색이다. 도대체 이 빛은 어디서 나오는 거야?"

혼잣말로 중얼거리며 구멍을 크게 만들려고 계속 쪼았어. 구멍 밖으로 나가 보고 싶었던 거야. 한참 쪼다가 주둥이도 아프고 다리도 쑤시고 해서 잠시 쉬는데 스르르 잠이 와. 얼마쯤 잤을까? 따뜻하고 포근한 온기에 살며시 눈을 떴지. 태어나서 한번도 보지 못한 색들이 눈앞에 어지럽게 펼쳐져 있었어. 이번엔 너무 많은 색이 한꺼번에 눈앞에 펼쳐져 머리가 어질어질할 정도였다니깐.

"파랑새야, 파랑새야, 괜찮아? 이젠 괜찮아!"

자기보다 훨씬 큰 소녀가 '까르르' 소리를 내며 말하는 것 있지. 말이 나오는 입가는 쭉 올라가 있어. 호기심 많은 파랑새가 물었어.

"방금 무슨 소리니? 배에서 나는 소리니? 그리고 그 입은 왜 그래?"

"응, 기뻐서 그러는 거야!"

"기뻐? 기쁜 것이 뭔데?"

감정이 없는 파랑새는 기쁘다는 말을 이해할 수 없었어. 소녀는 한참을 생각하다,

"너를 아침마다 깨우는 파란 빛, 그 파란 빛이 몸에 닿을 때처럼 마음이 간지럽고 따뜻해. 그래서 자꾸 웃음이 나와. 음, 그리고 몸이 가벼워져서 날갯짓을 하지 않아도 날고 있는 느낌!"

"뭐? 느낌? 마음? 웃음? 무슨 헛소리야? 그리고 보니 너 파란 별

에 대해 잘 아는 모양인데, 도대체 여기가 어디야?"

파랑새는 얼굴을 두리번거리며 물었어. 소녀는 파랑새의 말에 답도 없이, 까르르 소리를 내며 파랑새를 데리고 방을 뛰어나갔지. 파랑새 눈앞으로 파란 별의 하늘보다 더 넓고 파란 하늘, 한번도 보지 못한 색깔들, 그 색깔들이 어지럽게 어우러진 세상, 한번도 보지 못한 물건들이 끝없이 펼쳐져 있었어. 그것들에 대해 물어보기도 전에 소녀는 파랑새를 땅에 내려놓고 말했지.

"너를 데려온 곳이야."

엄청나게 큰 나무 아래, 파랑새가 부지런히 구멍을 팠던 바로 그곳이야. 지구에서는 '땅'이라고 불리는 곳이지.

"여긴 지구라는 별. 네가 온 별은 여기 아래 묻혀 있어. 볼래? 내가 찾은 파란 별, 사람들이 볼까 봐 몰래 숨겨 두고 가끔 네가 하는 것들을 보곤 했지! 너희 별로 가 보고 싶었는데 내가 너무 커서 말이야. 내가 덮어 둔 흙을 파고 네가 나올지는 몰랐어."

소녀는 흙을 파더니 커다란 파란 구슬을 쑤욱 올렸어. 힘겹게 파란 구슬을 안고서 두리번거리며 주변을 살피는 거야.

"그런데 어떡하지? 네가 나올 때 뚫어 놓은 구멍 때문에 더 이상 이곳에 파란 별을 숨겨둘 수가 없어. 그 구멍 속으로 흙이 들어가서 결국엔 너희 별이 흙으로 꽉 차버릴 수 있거든."

소녀는 파란 구슬에 난 구멍에 스티커를 떼며 말했어.

파랑새는 가만히 파란 별을 보고 나서, 소녀의 얼굴을 빤히 쳐다 보며 쏘아붙이듯 말했어.

"쳇, 거짓말쟁이. 파란 별은 30일은 족히 다녀야 다 볼 수 있는 곳 이야. 네 손으로 들 수 있을 정도로 작고 가벼운 구슬 같은 것이 아 니라구!"

소녀는 까르르 웃으며 말했지.

"파랑새야, 네가 온 곳과 이곳은 달라! 이곳에서 난 작은 어린이 지만 너무 커서 너희 별에 들어갈 수조차 없는걸. 네가 온 곳에선 30일일지 모르지만 여기선 네가 파란 별 뒤지는 걸 반나절 동안 다 보았지. 세상엔 완벽하게 들어맞는 정답 따위는 없어. 시간이 지나 면 달라질 수도 있는 것이, 마음에 따라 달라지는 것이 답이라는 거 야."

　파랑새는 알 수 없는 말만 늘어놓는 소녀에게 더 이상 묻고 싶지 않았어. '횡설수설, 엉뚱한 말만 늘어놓는 아이한테 시간을 낭비할 수는 없어. 이렇게 넓은 지구라는 곳에 친구들이 있지 않을까? 어서 빨리 찾아봐야겠어!' 파랑새는 소녀에게 인사도 없이 땅을 박차고 힘껏 멀리 날아갔지. 소녀는 파란 별을 힘겹게 내려놓고 멀리 날아가는 파랑새를 슬픈 눈으로 바라보며 중얼거렸어.

　"사랑하는 나의 파랑새, 언젠가 내가 한 말을 기억하며 믿어 주며 나에게 돌아오겠지? 그때가 언제일까?"

　소녀는 긴 한숨을 몰아쉬며 축 처진 어깨로 파란 별을 들고 집으로 돌아갔어. 파란 별은 파랑새가 파 놓은 구멍 때문에 황금빛 태양을 갖게 되었단다.

　파랑새는 지구에서 어떤 일을 겪을까? 친구들은 찾을 수 있을까? 파랑새는 무슨 일을 겪었는지 나중에 감정을 갖게 돼. 친구들을 찾았는지는 나도 모르겠어. 파랑새가 어떻게 감정을 갖게 되었는지, 무슨 일을 겪을지 상상해 봐. 장소를 바꿔 가며 상상해 보는 거야. 파랑새가 북한으로 간다면? 남한 가족을 생각하며 슬퍼하는 할아버지를 만나 그리움이란 감정을 알게 될지도 몰라. 아프리카에 간다면? 삐쩍 마른 아이를 안고 눈물 흘리는 어머니의 모습을 바라보며 슬픔이란 감정을 배울지도 모르지. 동물 사육장에 간다면? 털을 뽑히며 괴로워하는 오리를 보며, 소와 말을 채찍질하는 인간들을 보며 입이 움찔움찔, 다리가 부르르 떨릴 수도 있겠다. 그게 화날 때 몸에 나타나는 증상이란 걸 알아내겠지. 여기까지는 나의 상상이고, 넌 어때? 너의 상상을 읽고 싶어.

✲여기서 잠깐

글을 쓰기 전 57쪽 '배경'을 읽어 봅시다.

<시점>

5. 별이 된 아이

별이 된 아이

1

‘드르륵’. 교실 문을 열고 선생님 뒤를 따라갔다. 열 명 남짓한 아이들의 시선이 따갑게 느껴진다.

“오메, 이것이 뭔 일이여. 요즘 빡빡이가 서울서 유행인갑제. 니 내일부터 모자 쓰고 댕겨라. 보는 내가 겁나게 추워 부러.”

“덕기야 고마 해라 잉. 꼬질이랑 짝꿍이 된 것이 불쌍하지도 않냐. 니 이름이 민수라 했제. 와따, 말로만 듣던 명품족이네. 오늘 전학 기념, 한턱 쏴?”

앞자리에 앉은 두 녀석이 내 머리를 힐끗 보다니 자꾸 뒤돌아보며 내게 말을 건다. 그중 한 녀석이 꼬질꼬질한 손으로 코를 후벼 파더

＊생각해 보기

자신만의 잣대로 뭔가를 평가해 본 적 있어? 다른 사람의 생각이 자신과 다르다

고 해서 그 생각이 모두 틀린 것은 아니야. 아무런 증거 없이 다른 사람의 생각을 함

부로 비판하고 무시하는 것은 옳지 않아. 많은 사람이 정답이라고 생각하는 것이 무

조건 옳다고 따르는 것도 어리석고. 우리 역사를 보면 많은 일화가 있어. 갈릴레오

갈릴레이의 지동설(태양이 우주의 중심)은 오늘날 맞는 이론이지만 그 당시에는 많

은 사람들이 믿지 않는 틀린 말이었지. 다른 사람의 말을 듣고 올바르게 판단할 수

있는 현명한 사람이 되길 바라.

배경

    이야기의 배경은 사건에 어울리는 분위기를 만들어 주고 인물의 행동을 생생하게 사실처럼 느낄 수 있게 해줘요. 이야기에는 크게 시간적 배경과 공간적 배경이 있답니다. 이야기의 시간적 배경은 '과거, 현재, 미래 중 언제인가?', '봄, 여름, 가을, 겨울 중 어느 계절인가?', '1월, 6월, 12월 중 어느 달인가?', '몇 시인가?'와 같이 시간을 알 수 있는 배경을 의미해요. 공간적 배경은 '주인공이 사는 곳은 어디인가?', '이야기가 일어나는 장소는 어디인가?'와 같이 공간을 알 수 있는 배경을 의미한답니다. 이러한 시간과 공간은 등장인물의 가치관이나 행동, 갈등을 독자들이 이해하는 데 도움을 줄 수 있어요.

*공간 정하기 연습

아래 예시를 보고 시간적 배경과 공간적 배경을 상상해서 적어 봅시다.

⑩ 주인공이 코로나 증상이 있어 검사해야 한다면

☛ 시간적 배경: 2022년

☛ 공간적 배경: 대한민국, 병원, 프랑스, 미국, 중국

내 이야기의 주인공이 전쟁 영웅이라면

☛ 시간적 배경:

☛ 공간적 배경:

내 이야기의 주인공이 방탄소년단의 아미 팬이라면

☛ 시간적 배경:

☛ 공간적 배경:

내 이야기의 주인공이 춤추는 개미라면

☛ 시간적 배경:

☛ 공간적 배경:

<갈등>

4. 무지개를 사랑한 강아지

무지개를 사랑한 강아지

'견촌'.

개들이 사람처럼 생각하고 말하는 마을이야. 그곳에 무지개를 무척이나 사랑하는 강아지가 있었어. 그 강아지에겐 특별한 능력이 있었지. 다른 강아지들처럼 온 세상이 흑백으로 보이지만 무지개만은 사람의 눈처럼 색이 보이는 거야. 견촌 마을 주민들은 모두 그 강아지를 싫어했어.

"와! 무지개다. 하늘을 보세요! 빨, 주, 노, 초, 파, 남, 보. 인간들이 말하는 색깔이에요! 예쁘다!"

무지개만 보면 동네방네 뛰어다니며 소리를 질러댔지.

"야! 아빠, 엄마 없이 혼자 사는 주제에 또 잘난 척이냐!"

다른 강아지들은 짜증이 나서 한마디씩 해댔어. 무지개를 사랑하는 강아지는 태어날 때부터 혼자였어. 견촌 마을 강아지들은 부모님 없이 혼자 산다고 항상 놀려댔지.

어느 날, 하늘에 커다란 무지개 두 개가 나란히 뜬 거야.

"와! 쌍무지개다!"

강아지는 하늘을 보며 하루 종일 짖어댔어. 그 모습을 본 동네 강아지들은 짜증이 있는 대로 났어.

"어이! 잘난 척 씨! 오늘은 우리한테 좀 맞아야 조용할 것 같아."

동네 강아지들은 으르렁거리며 달려들어 물었지. 무지개를 사랑하는 강아지는 온몸이 상처투성이가 되었고, 너무나 슬펐어. '난, 내가 사랑하는 무지개 옆에서 평생 살아야겠어. 이젠 이곳에서 맞으며 지내고 싶지 않아.' 가방 하나 들쳐 메고 무지개가 떴던 곳을 향해 달렸지.

집 나가면 고생이랬지. 동네 강아지들과 겪은 갈등은 아무것도 아니야. 무슨 일을 겪을까? 어떤 갈등들이 기다리고 있을까? 상상해 봐. 그리고 무지개를 사랑한 강아지 이름 좀 지어서 써 보자.

＊여기서 잠깐

글을 쓰기 전 66쪽 '갈등'을 읽어 봅시다.

＊생각해 보기

'무지개를 사랑한 강아지' 이야기의 강아지처럼 우리 주변에 남들과 다르다고 해서 배척당하고 따돌림을 당하는 친구들이 있어. 이 세상 모든 사람들이 다 같을 수는 없지. 나와 다른 것은 틀린 것이 아니야. 그런 이유로 미워하는 것은 옳지 않아. 주변에 무지개를 사랑하는 강아지 같은 친구가 있다면 우리의 작은 배려와 관심이 큰 힘이 될 거야. 그런 사람이 되길 바라.

갈등

갈등이란 이야기에서 등장인물들 사이에 일어나는 대립과 충돌 또는 등장인물과 환경 사이의 대립을 뜻해요. 재미있는 이야기를 쓰기 위해서는 갈등이 있어야 한답니다. 갈등으로 인해 주인공이 힘들어하면 할수록 독자들에게 매력적인 이야기가 되어 독자에게 긴장감과 재미를 줘요. 갈등 속에서 어려운 일을 씩씩하게 헤쳐 나가는 주인공을 응원하면서 독자는 계속 이야기를 읽게 된답니다.

*갈등 찾기 연습

요즘 내가 마음속에서 겪고 있는 갈등에는 어떤 것들이 있나요?

☞ 게임하고 싶은 마음과 숙제를 해야 한다는 마음의 갈등

☞ 살은 빼고 싶은데 밤마다 라면이 먹고 싶은 마음의 갈등

☞

☞

☞

☞

타임머신을 만든 과학자의 이야기라면 어떤 갈등이 있을 수 있을까요?

☞ 타임머신을 반대하는 사람들과의 갈등

☞ 환경에 치명적인 영향을 주는 장치가 타임머신에 있는 상황에서의 갈등

☞

☞

☞

☞

내가 쓴 이야기의 주인공이 용맹한 군인으로 성장하게 된 갈등은?

㉠ 이웃 나라의 침략으로 사랑하는 가족을 잃어버린 상황에서의 갈등

㉠ 일제 강점기에 나라를 빼앗겨 일본 지주 밑에서 일하며 겪는 갈등

☞

☞

☞

☞

<시점>

5. 별이 된 아이

별이 된 아이

1

'드르륵'. 교실 문을 열고 선생님 뒤를 따라갔다. 열 명 남짓한 아이들의 시선이 따갑게 느껴진다.

"오메, 이것이 뭔 일이여. 요즘 빡빡이가 서울서 유행인갑제. 니 내일부터 모자 쓰고 댕겨라. 보는 내가 겁나게 추워 부러."

"덕기야 고마 해라 잉. 꼬질이랑 짝꿍이 된 것이 불쌍하지도 않냐. 니 이름이 민수라 했제. 와따, 말로만 듣던 명품족이네. 오늘 전학 기념, 한턱 쏴?"

앞자리에 앉은 두 녀석이 내 머리를 힐끗 보다니 자꾸 뒤돌아보며 내게 말을 건다. 그중 한 녀석이 꼬질꼬질한 손으로 코를 후벼 파더니 내 책상에 쓱 문지른다.

"야! 니들 민수한테 왜 그냐, 남이사 빡빡이 머리를 허든 말든 뭔 상관이여?"

용희가 두 주먹 불끈 쥐고 책상을 두드리며 말한다. 용희는 옆자리가 비었다는 이유로 나와 짝이 된 아이인데 첫인상이 별로다. 실내화 뒷부분을 뜯어 잘라 큰 발을 억지로 넣어 신었다. 발뒤꿈치로 보이는 양말엔 큰 구멍이 있다.

"와따, 뭐 짝꿍한테 잘 보여서 떡볶이라도 얻어묵고 싶은갑제."

덕기가 용희를 째려보며 말한다.

"오메! 뭐라고야잉? 기가 맥혀 죽겠네!"

용희는 덕기 말에 책상을 연신 두드리며 말한다. 그 모습이 마치 화난 얼굴로 북을 치는 인디언 추장 같다. 다른 아이들은 이런 상황이 많이 익숙한지 참견하지 않고 자꾸 내 자리로 몰려와 질문을 쏟아낸다. 그중 한 아이가 용희를 쏘아보며 말한다.

"책상 부서지면 물어줄 돈 있냐? 엥간히 좀 해."

그러자 옆에 있던 다른 아이들도 용희에게 한마디씩 한다.

"꼬질아, 내일부터는 잘 씻고 댕겨라."

"맞어, 민수가 니랑 앉아서 얼마나 힘들것냐."

한껏 인디언 추장처럼 책상을 북 삼아 쳤던 용희는 아무 대꾸도 없이 책을 꺼내 읽는다. 왕따인가 보다. 괴롭힘에 익숙해 미쳐 버린 왕따. 전학 첫날부터 긴 한숨만 나온다. '아빠는 하필 이런 곳에 전근이람….' 하교하는 시간만 기다려진다. 창밖을 보니 멀리서 아빠 차가 보인다. 피곤하다.

"민수야, 친구들과 선생님 마음에 들어? 답답한 서울보다 공기 좋은 시골이 훨씬 낫지?"

자동차 백미러 너머로 자꾸 힐긋힐긋 보시는 아빠의 시선에 내 마음을 들킬까 눈을 감으며 말했다.

"네, 재밌는 친구들 같아요. 아빠 저 피곤해요. 좀 잘게요."

2

어제 그렇게 질문을 해대던 친구들이 오늘도 내 주변에 모여 내 물건을 만지작거리며 쉼 없이 질문을 한다. 갑자기 어지럽고 속이 메

스껍다. 아침에 엄마가 늦잠 주무시는 바람에 우유에 약만 먹고 나온 터라 속이 자꾸 울렁거린다. 이제는 대꾸할 기운도 없고 식은땀이 난다. 빨리 쉬는 시간이 끝나길 기다리는데, 덕기가 내 등을 '탁' 치며 말한다.

"민수야 너 등에 땀난다야. 서울 사람들은 어찌 비실비실, 얼굴만 허애가꼬 너무 허약하당께."

순간 나도 모르게 '왈칵!' 며칠 동안 뱃속에 머물렀던 음식들이 한꺼번에 올라와 용희의 치맛자락에서 폭발했다.

"야, 뭔 냄시여?"

"윽, 민수가 토해부써."

주변에 있던 아이들은 코를 막으며 도망갔다.

"민수야, 괜찮냐?"

용희는 아무렇지도 않은 듯 옷을 닦으며 나에게 물었다.

3

그날 이후 나에겐 별명이 생겼다. '비실이'. 마음에 들지 않지만 비실비실한 건 사실이다. 이곳에서 지낸 지 한 달째, 요즘 나의 최대 관심사는 용희다. 그 아이가 좋아서가 아니라 지금까지 만나 본 적 없는 참 이상한 아이이기 때문이다. 별명도 참 많은데 가장 인상적인 것은 '꼬질이'와 '두주걱'이다. '두주걱'은 급식실에서 항상 밥을 두 주걱 달라고 해서 생긴 별명이고 '꼬질이'는 건강 검진 때 친구들에게 들킨 구멍 나고 해진 속옷 때문에 생긴 별명이란다. 지금까지 용희를 관찰한 것을 정리해 보자면, 자주 하늘을 바라보며 중얼거리기, 수업 시간에 꾸벅꾸벅 졸 때가 많지만 모든 시험은 항상 100점, 친구들이 아무리 놀려도 웃음, 화를 낸 적은 몇 번 없는데 화날 때는 항상 원시인이 북을 치듯 책상을 두드림, 말 거는 친구는 유일하게 나 하나, 가끔 아무 이유 없이 박장대소. 이쯤이면 아주 많이 이상하다 할 정도는 아니라고 할 수도 있겠다. 내 호기심을 자극한 결정적인 사건은 용희가 자신이 이 세상에서 가장 행복한 아이라고 말한 점이다. 더욱이 용희는 부모도 없이 앞이 안 보이는 할머니와 단둘이 산단다. '이런 상황에서 어떻게 행복할 수 있지?' 나는 지금까지 행복한 사람을 본 적이 없다. 나조차도 행복을 느껴본 적이 없

다. '뭐가 용희를 행복하게 할까? 행복한 사람들은 어떤 모습일까?'

'나도 용희를 따라 하면 행복해질까?'

4

"엄마, 저 내일 학교 갈 수 있어요?"

"민수가 학교 가는 날을 기다리다니, 별일이네. 우리 민수만 괜찮다면 내일이라도 퇴원해서 가자."

간만의 병원 치료가 힘들긴 했지만 빨리 학교 가서 내 행복 연구 프로젝트를 위해 용희를 보고 싶다.

"여보, 우리 민수가 학교에 가고 싶다네요."

"역시 고흥으로 전학시키길 잘했어. 이번 주 천문학회 세미나 발표만 끝나면 민수 친구들을 집으로 초대합시다."

빼꼼히 열린 병실 밖으로 웃으시며 말씀 나누시는 부모님 얼굴이 보인다. 오랜만에 보는 웃는 모습이다.

일주일 만에 간 학교가 낯설게 느껴진다. 유일하게 나를 반겨 주며 밀린 숙제와 공부를 도와주는 용희가 참 고맙다.

"용희야, 너 다음 주 토요일에 우리 집 올래? 우리 부모님께서 나 많이 챙겨준다고 초대하랬어."

"엥? 비실이와 꼬질이 둘이 사귀냐. 큭큭. 환상의 커플이구마."

앞자리의 덕기가 귀를 쫑긋하며 듣더니 놀린다. 서울에서는 이럴 때 한번 쓰러져 주거나 부모님께 이르거나 했는데 용희처럼 행복해 보고 싶어서 참았다. 용희처럼 웃으며 책을 읽었다. 처음 해보는 거라 어색했지만 왠지 마음은 편했다.

5

"민수야, 느그 집 진짜 부자다잉. 바다가 마당인 집은 처음 본당께. 밤에는 별도 잘 보이것다. 와따, 느그 아빠가 천문학자라고, 오메, 진짜 좋것다."

우리 집에 온 용희는 저녁 먹는 내내 쉬지 않고 말했다. 부모님께서는 용희 말이 재미있는지 미소 지으며 들으셨다. 내 마음속에는 오직 하나, 오늘은 꼭 행복 프로젝트 연구 결과를 완성하리라.

"용희야, 나 뭐 하나 물어봐도 돼?"

<문체>

6. 민달팽이의 전설

민달팽이의 전설

옛날 옛적에, 달팽이들이 모여 사는 달팽이 마을이 있었어. 이른 아침부터 어린 달팽이들은 하품을 하며 엉금엉금 풀잎초등학교로 기어가. 너희가 학교 가는 모습과 비슷한 것 같아.

"포동아! 오늘도 달팽이 집을 두고 왔구나. 그럼 오늘 미술 준비물은 어떻게 가져왔니?"

한송이 선생님께서는 매일 아침마다 포동이 달팽이 집부터 점검하셔.

"에이, 선생님. 몸도 무거운데 날마다 이 무거운 달팽이 집 때문에 허리가 휘어질 지경이에요! 준비물은 친구들한테 빌리면 되는데요."

"뭔디?"

용희는 큰 눈을 동그랗게 뜨고 쳐다보며 말했다.

"저기… 네가 행복한 이유가 궁금해."

용희는 씨익 웃더니 집 밖에서 보여줄 것이 있다고 했다. 현관을 나서자 바닷가에 서 있는 소나무 숲 사이로 뭔가 나올 것만 같아 오싹한 느낌이 들었다. 용희는 아무렇지도 않은 듯 해가 저문 밤하늘에 쏟아지는 별 중 하나를 가리키며,

"난 친구가 있는디, 무슨 소원이든 다 들어주는 친구. 그 친구 땜시 행복해. 니한테도 소개해 주고 싶어."

"설마, 저 별이 너 소원을 들어주는 친구라구?"

나는 달 옆에 떠 있는, 유난히 반짝이는 별을 가리키며 물었다.

"응, 맞아. 다른 별은 계절이 바뀌믄, 시간이 지나믄 자리를 바꾼디 저 별은 항상 저 자리에서 날 지켜 준당께."

'이래서 용희가 왕따를 당하나 보네. 에고, 내 프로젝트는 망했다.'

"안 믿긴갑네. 내가 증명해 볼까?"

내 눈치를 슬쩍 보다니 내 마음을 읽은 듯 말을 이어 갔다.

"별님, 별님, 오늘은 민수랑 같이 빕니다. 내일 덕기 쪽 당하게 해주세요! 덕기는 맨날 우리를 놀린당께요. 그리고 민수도 친구로 받아 주세요. 우리 같이 빌자."

용희는 손에 쥔 컵을 들고 벌떡 일어서서 바닷물을 떠 오더니 우리 앞에 둔다.

"우리 할머니가 그러시는디 물 떠 놓고 빌믄 소원을 더 잘 들어준단다. 별님, 별님…"

용희는 나지막한 목소리로 꽤 오랫동안 그 자리에서 중얼거렸다. 난 어이가 없었지만 너무나 진지한 용희의 행동에 나도 모르게 따라 말했다.

6

어제 일로 왠지 용희와 같이 앉기 싫었다. 학교 다니기도 싫었다. 체육 시간이다.

"3번 덕기 나오세요."

'삑'. 덕기는 선생님의 호루라기 소리에 있는 힘껏 뜀틀을 향해 달렸다.

'철퍼덕'. 나는 두 눈을 비비며 뜀틀 위에 주저앉아 버린 덕기를 바라보았다. 바지도 찢어졌다. 반 아이들은 그 모습에 큰 소리로 웃었다. 연습 때는 매번 완벽한 착지를 뽐냈던 덕기가 아닌가! '설마, 우연이겠지. 믿을 수 없어.' 용희를 봤다. 나에게 윙크를 하더니 하늘을 보며 중얼거렸다. 이제야 왜 용희가 하늘을 보고 중얼거렸는지, 혼자 박장대소를 했는지, 수업 시간에 꾸벅꾸벅 조는지 이해하게 되었다.

그날 밤, 속는 셈 치고 용희가 말한 별님에게 말을 걸었다.

"별님, 별님. 내일 저 영어 단어 시험 100점 받게 해 주세요."

'에구, 내가 지금 뭐 하는 짓이람….' 물컵 안에 담긴 달빛이 나를 비웃는 것 같아 얼른 이불을 덮고 자리에 누웠다.

7

떨리는 손으로 시험지를 받았다. 빨간 색연필로 100점이라고 적혀

있다. '이럴 수가!'

"니 별님한테 빌었구나. 내가 항상 100점 받은 비결이여. 별님한 테 빌면 외운 것을 절대 안 까묵어."

용희는 내 시험지를 슬쩍 보더니 속삭였다. 이번 일로 별님에 대한 믿음이 확실해졌다. 난 한번도 영어 시험에서 100점을 받아 본 적이 없다. 시험 보는데 영어 단어가 아주 생생하게 떠올라 손이 저절로 술술 움직이는 것 같았다.

그날 이후 날마다 별님에게 빌었다. 아픈 거 다 낫게 해달라고, 축 구하고 싶다고, 과자도 매운 떡볶이도 실컷 먹고 싶다고. 별님은 정 말 대단한 친구다. 하루가 다르게 힘이 솟았다. 행복이란? 해 보고 싶은 것을 다 할 수 있는 것이 행복이다. 적어도 나에겐 그것이 행복 이다. 나의 행복 찾기 프로젝트는 대성공을 거두었고 지금 난 우주 만큼 행복하다.

"아빠, 저 축구화 사 주세요. 이번 주말에 아빠랑 축구하고 싶어 요."

"민수야, 요즘 기분이 아주 좋아 보이는구나. 무슨 일 있니? 안 먹던 떡볶이도 먹고, 요즘 잠도 늦게 자던데. 몸에 해로운 것은 하지 말자."

"아빠, 저 힘이 아주 넘친다구요. 병이 다 나았어요. 오늘 아침에는 줄넘기를 50개나 성공했어요."

아빠는 기특한 듯 나를 내려다보시고 지긋이 웃으셨다. '아빠도 행복하게 해 주고 싶다.' 오랜만에 본 아빠의 환한 미소를 보니 나의 비밀을 알려 주고 싶은 마음이 들었다.

"아빠… 사실 모든 소원을 들어주는 별님 친구가 생겼어요."

아빠 얼굴을 슬쩍 올려다보니, 나랑 만화 볼 때 멍하니 화면만 보시는 그런 표정이다. 나는 아빠에게 지금껏 내가 겪은 일들을 신나게 말했다. 잠자코 들으시던 아빠는 나지막한 목소리로 물으셨다.

"그래, 네가 말한 별이 어느 별이니?"

"달 바로 옆에 빛나는 저 별인데요. 말이 나와서 말인데요, 저 별 이름은 뭔가요? 지구에서 얼마나 멀리 있는 거죠?"

나는 폭풍 질문을 쉬지 않고 던졌다. 아빠는 내가 가리키는 별을 보시더니 아무런 답변 없이 굳은 표정을 지으셨다. 이건 내가 많이 아플 때 하셨던 표정인데, 뭔가 찜찜한 느낌이 들었다. 하지만 아빠가 그 별에 대해 아는 것이 없어 멋쩍어 그러시려니 하고 생각했다.

그날 밤은 별님에게 빌 것이 많아졌다. 아빠에게도 저 별의 힘을 보여 주고 싶다. 용희가 일러 준 강력한 효과를 위해 물을 가지러 가는데, 부모님께서 거실에서 말씀을 나누고 계신다.

"여보, 내일 출장 있잖아요. 얼른 주무세요."

"우리 민수 어쩌지? 인공위성 보고 별이라네. 나중에 알면 실망할 텐데."

거실 밖으로 비치는 달빛이 나에게 레이저를 쏜다. '뭐! 인공위성!'

'쨍그랑'. 온몸에 힘이 풀리고 손에 든 물컵이 바닥에 떨어지면서 내 발을 쳤다. 온 세상이 하얗고 부모님이 나를 부르는 목소리가 점점 희미해진다.

8

고약한 병원 냄새가 코끝에서 자꾸 내 이름을 부른다. 겨우 눈을 떠보니 심장박동기, 호흡기, 그리고 내 몸 이곳저곳에 바늘이 박혀 있다. 아빠의 까칠한 수염과 긴 머리카락이 내 손에 닿는다. 아무래도 시간이 많이 지난 모양이다.

"아빠."

"민수야! 선생님 불러와야겠다."

"아뇨. 아빠, 용희 좀 불러 주세요."

세상이 또다시 하얗게 변하려고 했다. 이번에 잠들면 영영 못 깨어날 수도 있을 것 같았다. 바보 같은 인공위성이 나를 집어삼켜 동력으로 삼는가 보다. 입술을 깨물며 잠들지 않으려고 버텼다. 용희에게 할 말이 있어서다. 잠시 후, 엄마가 용희와 손을 잡고 들어오신다. 내 손을 잡은 용희 얼굴이 희미하다. 용희의 작은 손이 내 손등 위에서 잔잔하게 떨린다. '꼭 말해 줘야 해!' 난 있는 힘을 끌어모았지만 내 목소리는 개미 소리만 하다. 용희와 부모님은 내 얼굴 가까이에 왔다. 희미한 안개 사이로 눈물이 그렁그렁 맺힌 슬픈 눈동자들이 또렷이 보여 마음이 아팠다.

"우리 친구 별님이 인공위성이래. 가짜 별 말이야. 행복했는데…

용희야, 내가 진짜 별 해 줄게. 그래서 너 소원 다 들어줄 거야. 그리고 아빠, 엄마… 사랑… 해요."

"민수야! 민수야!"

나를 부르는 부모님 목소리가 속삭이듯 멀어진다. 따뜻한 눈물이 내 얼굴 위에서 간지럼을 태운다. 세상이 하얗다.

지금까지 별이 된 아이, 민수가 들려준 이야기야. 만약 우리가 용희한테 이 이야기를 듣게 된다면 어떨까? 용희가 주인공이 되는 거야. 1번부터 8번 중 한 장면을 골라 이야기를 다시 들려 줘. 한 사건에 대해 사람마다 생각이 다 다르다고 하잖아. 이번엔 용희의 마음속 생각도 궁금해.

*여기서 잠깐

글을 쓰기 전 87쪽 '시점'을 읽어 봅시다.

＊생각해 보기

행복에 대해 생각해 본 적 있어? 민수는 과자랑 떡볶이를 마음껏 먹는 것, 축구해 보는 것이 행복이래. 누군가에게는 당연한 일상들이 또 다른 누군가에게는 애써 노력해도 얻을 수 없는 행복인 거야. 행복은 거창한 것이 아니야. 늘 가까이에 있는데 우리가 느끼지 못한 것뿐인 거지. 지금 행복하지 않다면 오늘부터 행복 보는 법을 연습해 보길 바라.

시점

　시점의 사전적 의미는 어떤 대상을 볼 때에 시력의 중심이 닿는 점을 말해요. 이야기에서 시점은 이야기를 들려 주는 방식이라고 할 수 있어요. 이야기를 말해 주는 이가 사건을 보는 시각이나 태도를 의미해요. 이야기를 말해 주는 이를 서술자라고 해요. 서술자는 이야기 속 주인공일 수도 있고, 이야기 밖에서 사건을 바라보는 누군가가 될 수도 있어요. 이야기 속 등장인물인 '나'가 이야기를 쓰면 1인칭이라 하고, 등장인물이 아닌 누군가가 이야기를 쓴다면 3인칭이라고 한답니다.

◊ **1인칭 주인공 시점을 알아볼까요?**

1인칭 주인공 시점은 작품 속에 등장하는 '나'가 주인공이 되어 자기 이야기를 들려주는 시점을 의미해요. '나'가 직접 겪을 사건과 속마음을 이야기한다면 1인칭 주인공 시점이에요. '별이 된 아이'에서 민수는 자신이 겪은 일과 속마음까지 이야기해 주니 1인칭 주인공 시점의 이야기랍니다.

1인칭 주인공 시점은 이야기 속에 내가 있는 듯한 느낌을 줘요. 일어나는 사건의 중심에 내가 있는 듯하고 이야기 속 주인공에게 일어나는 일은 꼭 내게 일어나는 일처럼 느껴져요.

◊ **1인칭 관찰자 시점을 알아볼까요?**

작품 속의 주변 인물인 '나'가 관찰한 주인공의 이야기를 전해 주는 시점을 의미해요. 관찰자는 주인공을 지켜보고 객관적인 태도로 이야기를 말해 줘요. 예를 들어 '별이 된 아이'에서 민수와 용희의 같은 반 친구 중 한 명이 서술자가 된다고 상상해 봐요. 전학 온 첫날 민수의 생각이나 느낀 점은 알려 주지 않고 보이는 사건만 알려 줘요.

민수의 생각이나 느낌을 짐작하는 것은 독자의 몫이겠죠. 만약 용희가 서술자가 된다면, 민수와 있었던 일을 말해 줄 수 있지만 민수의 생각이라든가 민수와 부모님 사이에 있었던 일도 본 것이 아닌 들은 것으로 이야기를 써야 해요. 민수의 이야기를 들으며 행복 찾기 프로젝트를 통해 우리는 행복의 의미를 생각해 볼 수 있어요. 이를 주제라고 하죠. 하지만 이미 행복한 용희가 서술자라면 행복 찾기를 주제로 써도 괜찮을까요? 시점은 이야기뿐만 아니라 때로는 주제도 바꿀 수 있어요.

◊ 3인칭 전지적 작가 시점을 알아볼까요?

서술자가 신처럼 이야기 속 인물들과 사건을 설명해 주고 분석해서 알려 줘요. 이야기에서 '나는 어떠하다'라는 설명은 없어요. 이야기 속에서 등장인물은 이름으로 나오거나 '그', '그 애', '그녀', '그들' 등 3인칭 시점으로 나와요. 마치 신이 들려주는 이야기인 것처럼 우리는 이야기의 모든 사건들과 주인공들의 속마음을 알 수 있어요.

『해리포터』 시리즈가 전지적 작가 시점에서 쓴 이야기랍니다.

*시점 바꾸기 연습

아래 예시를 보고 1인칭 주인공 시점을 3인칭 전지적 작가 시점으로 바꿔 봅시다.

예

(1인칭 주인공 시점)

그날 밤, 속는 셈 치고 용희가 말한 별님에게 말을 걸었다.

"별님, 별님. 내일 저 영어 단어 시험 100점 받게 해 주세요."

'에구, 내가 지금 뭐 하는 짓이람…' 물컵 안에 담긴 달빛이 나를 비웃는 것 같아 얼른 이불을 덮고 자리에 누웠다.

(3인칭 전지적 작가 시점)

그날 밤, 민수는 용희가 말한 별님에게 말을 걸었다.

"별님, 별님. 내일 저 영어 단어 시험 100점 받게 해 주세요."

민수는 '에구, 지금 뭐 하는 짓이람…' 하고 중얼거리더니 물컵 안을 들여다본다. 달빛이 자기를 비웃는 것 같아 얼른 이불을 덮고 자리에 누웠다.

①

(1인칭 주인공 시점)

나는 폭풍 질문을 쉬지 않고 던졌다. 아빠는 내가 가리키는 별을
보시더니 아무런 답변 없이 굳은 표정을 지으셨다.

☛ **(3인칭 전지적 작가 시점)**

~~~~~~~~~~~~~~~~~~~~~~~~~~~~~~~~

~~~~~~~~~~~~~~~~~~~~~~~~~~~~~~~~

~~~~~~~~~~~~~~~~~~~~~~~~~~~~~~~~

~~~~~~~~~~~~~~~~~~~~~~~~~~~~~~~~

~~~~~~~~~~~~~~~~~~~~~~~~~~~~~~~~

~~~~~~~~~~~~~~~~~~~~~~~~~~~~~~~~

~~~~~~~~~~~~~~~~~~~~~~~~~~~~~~~~

~~~~~~~~~~~~~~~~~~~~~~~~~~~~~~~~

~~~~~~~~~~~~~~~~~~~~~~~~~~~~~~~~

② <u>_ _ _</u>

(3인칭 전지적 작가 시점)

파랑새는 지금껏 한번도 하늘 끝까지 가 본 적이 없어. 호기심 많은 파랑새는 너무 궁금해서 곧장 쏜살같이 하늘 위로 날았지.

☛ (1인칭 주인공 시점)

~~~~~~

~~~~~~

~~~~~~

~~~~~~

~~~~~~

~~~~~~

~~~~~~

~~~~~~

<문체>

6. 민달팽이의 전설

민달팽이의 전설

옛날 옛적에, 달팽이들이 모여 사는 달팽이 마을이 있었어. 이른 아침부터 어린 달팽이들은 하품을 하며 엉금엉금 풀잎초등학교로 기어가. 너희가 학교 가는 모습과 비슷한 것 같아.

"포동아! 오늘도 달팽이 집을 두고 왔구나. 그럼 오늘 미술 준비물은 어떻게 가져왔니?"

한송이 선생님께서는 매일 아침마다 포동이 달팽이 집부터 점검하셔.

"에이, 선생님. 몸도 무거운데 날마다 이 무거운 달팽이 집 때문에 허리가 휘어질 지경이에요! 준비물은 친구들한테 빌리면 되는데요."

~~~~~~

~~~~~~

②

아이들의 응원에 더욱더 힘껏 공중으로 솟은 달팽이들은 한낮의
여름 햇빛을 받아 허공에서 별처럼 반짝거려.

→ **(간결체)**

~~~~~~

~~~~~~

<플롯>

7. 구멍

포동이는 짝꿍 삐죽이를 힐긋 쳐다보며 대답했어.

"허리가 휜다고? 엄살쟁이 또 시작이네. 맨날 빌려 달래…"

삐죽이는 입을 실룩거리며 중얼거렸어.

"그래? 그럼 오늘은 삐죽이가 준비물 빌려 주고 포동이는 내일부터 무겁더라도 달팽이 집을 꼭 챙겨 오렴."

선생님은 걱정스런 눈으로 포동이를 바라보셨어.

"땡, 땡, 땡."

1교시를 알리는 수업 종소리가 울려. 선생님께서는 서둘러 교탁 위를 정리하시더니,

"얘들아, 1교시 음악 수업 준비 잘하고, 음악 선생님 말씀 잘 들어. 참! 저기 무등 다리 건너 소금밭 공사 중이란 소식 들었지? 위험하니까 근처에 절대 가면 안 된다."

선생님은 엄한 얼굴로 날카롭게 말씀하시며 교실 밖에 나가셨어. 씩씩이는 음악 시간 내내 '한송이 선생님의 저런 표정은 처음이야, 무시무시한 소금밭을 왜 마을에 두려는 거지? 아무튼 그 위험한 곳에 들어가면 친구들 사이에서 영웅이라 불리겠지'라는 생각뿐이었

95

어. 씩씩이는 쉬는 시간이 되자마자 방방이에게 다가가 말했지.

"야, 방방아, 우리 학교 끝나고 소금밭에서 멀리뛰기 시합 어때?"

"그래, 콜! 가지 마라 하시니까 더 가 보고 싶잖아. 친구들 앞에서 우리가 얼마나 용감한지 보여 주는 거야! 나의 방방 뛰는 모습을 기대하시라."

방방이는 자랑이라도 하는 듯 큰소리로 대답했어.

"나도 가고 싶은데."

"나도!"

"나는 구경 가야지."

"나는 씩씩이를 응원할 거야!"

여기저기서 아이들이 소리쳤지. 교실 구석에서 책을 읽던 반장 똘똘이가 아이들을 쳐다보며 말했어.

"선생님께서 가지 마라 하신 곳을 간다고? 그럼 안 돼! 2교시 수업 시작하기 전에 모두 자리에 앉아!"

"어떨 때는 선생님보다 더 선생님 같다니깐."

"그러게. 반장이라고 잘난 척은….."

교실 어디선가 짜증스러운 목소리가 여기저기서 들려.

포동이, 볼록이, 씩씩이, 방방이는 학교가 끝나자마자 깔깔거리며 소금밭으로 향했어. 몇몇 아이들은 신나는 구경거리라도 생긴 듯 휘파람을 불며 따라나섰지.

"어휴! 달팽이 집이 무거워 빨리 갈 수가 있나! 이럴 땐 포동이가 부럽다니까."

"힘내! 조금만 가면 소금밭이야."

"멀리뛰기 1등은 나 방방이가 될 테야."

아이들은 번갈아 말하며 들뜬 듯 더듬이를 마구 흔들며 기어갔어. 그때 멀리 뒤에서 익숙한 목소리가 들렸지.

"얘들아, 안 돼!"

반장 똘똘이와 한송이 선생님께서 엉덩이를 씰룩쌜룩, 재빠르게 기어 오시는 거야.

"우아, 선생님 좀 봐! 완전 SRT야. 야, 우리 곧 잡히겠다."

뒤따라오던 반 친구가 말했어.

"어휴, 저 고자질쟁이 반장 녀석! 뽀르르 선생님께 일렀잖아!"

씩씩이가 뒤를 보며 말했어.

"야! 다 왔어! 여기 소금밭 입구에서 바로 뛰자! 이러다 선생님께 잡히겠어!"

볼록이는 소금밭 입구 한 발짝 앞에 서서 유난히 볼록 튀어나온 더듬이로 바닥에 선을 그으며 말했지.

"어이, 왕포동! 넌 집이 없으니 여기 돌멩이를 들고 뛰어! 그래야 공평하잖아."

"좋아!"

포동이는 자신 있게 대답했어. 아이들은 돌멩이를 짊어진 포동이 옆에 섰지. 소금밭 입구에 선 아이들은 입술을 힘껏 깨물며 꼬리를 치켜세우더니 꼭 1등을 차지할 것마냥 큰 소리로 외쳤어.

"준비! 하나, 둘…."

"잠깐! 너희들은 소금밭에서 달팽이 집으로 들어가면 되지만 난 어떡하지?"

포동이가 떨리는 목소리로 물었어.

"야, 왕포동, 뛰자마자 바로 돌 위로 올라가면 되잖아. 그렇게 소금밭이 무서우면 하지 말든가. 이럴 시간 없어. 빨리 뛰어. 포동이 너 때문에 잡히겠네."

씩씩이는 짜증난다는 듯 씩씩거리며 말했어.

"준비! 하나, 둘, 셋!"

포동이, 볼록이, 씩씩이, 방방이는 온 힘을 다해 하늘로 몸을 날렸지.

"씩씩이 이겨라!"

"방방이 이겨라!"

아이들의 응원에 더욱더 힘껏 공중으로 솟았어. 달팽이들은 한낮의 여름 햇빛을 받아 허공에서 별처럼 반짝거렸지.

"우, 우아!"

"안 돼!"

응원하는 아이들의 함성에 한송이 선생님의 고함 소리가 더해져 건넛마을까지 들썩거렸어. 하늘 위에서 빙글뱅글 돌던 씩씩이는 더듬이에 뺨을 맞아 달팽이 집에 몸을 넣기도 전에 소금밭으로 꽈당.

"으악, 따가워!"

포동이는 들고 뛰었던 돌멩이가 데굴데굴 굴러 포동이 위로 철퍼덕.

"아이고! 포동이 살려!"

씩씩이와 포동이 모습을 보고 놀란 볼록이와 방방이도 어리둥절하다 소금밭으로 쿵.

"앗, 뜨거워! 아야, 내 더더더듬이에 소금 묻었어!"

"으악, 달팽이 살려!"

아이들은 소금밭 한가운데서 소리를 지르며 나뒹굴었어. 몸에 닿은 소금이 좀처럼 떨어지지 않아 아이들 몸 구석구석을 서서히 후벼 팠지. 구경하는 아이들은 친구들이 아파하는 모습에 어찌할 바를 모르고 쳐다만 보았어.

"얘들아, 달팽이 집 안쪽으로 깊숙이 몸을 숙여!"

한송이 선생님께서는 다급한 목소리로 말씀하셨어. 그리고 뒤쪽에 서 있는 아이들을 쳐다보시더니,

"똘똘아, 여기 있는 친구들 데리고 빨리 가서 어른들 모셔오너라"

라고 말씀하시더니 주저 없이 소금밭으로 들어가셨어. 선생님께서는 포동이를 누르던 돌을 머리로 힘껏 미시더니 포동이 몸에 붙은 소금을 닦으셨지. 곧바로 선생님의 달팽이 집을 내려놓으시더니 포동이를 힘껏 달팽이 집 안쪽으로 밀어 넣으셨어.

"선생님, 안 돼요…."

포동이는 몸을 부르르 떨며 힘없이 말했어. 선생님은 포동이 말에는 아랑곳하지 않고 맨몸으로 아이들을 소금밭 밖으로 하나둘 밀어내셨지.

한참 뒤 마을 어른들께서는 등에 물을 짊어지고 겁에 질린 반 아이들과 함께 소금밭에 도착했어. 소금이 잔뜩 묻은 아이들에게 연거푸 물을 끼얹었지. 소금이 씻기자 아이들은 살며시 달팽이 집 밖으로 머리를 내밀었어.

"얘들아, 괜찮아? 한송이 선생님은 어디에 계시니?"

반장 똘똘이는 두리번거리며 물었어. 친구들은 아무런 대답 없이 얼룩진 소금밭을 쳐다보며 눈물을 뚝뚝 흘렸지. 한참 울던 삐죽이가 포동이를 쏘아보며 큰 소리로 말했어.

"으앙앙! 선생님, 포동이가 달팽이 집만 있었어도 이렇게까지 안 되셨을 텐데… 아이고, 아이고!"

훌쩍이던 아이들도 원망스런 눈빛으로 힐끗힐끗 포동이를 쳐다 봤어.

"나도 안다고! 나 때문이야! 선생님! 흑흑흑. 죄송해요!"

포동이는 흐느끼며 선생님의 달팽이 집을 꼭 끌어안았어.

그 일이 있고 몇 달이 지났어. 풀잎초등학교 아이들은 그날의 악 몽을 많이 잊은 듯 보여. 요즘은 새로 오신 오샤방 선생님 이야기로 난리도 아니야.

"오샤방 선생님 혹시 영화배우 하시다 오신 거 아닐까?"

"맞아. 드라마에서 본 주인공보다 더 잘생기셨어!"

"오샤방 선생님이 우리 담임선생님이라니, 우린 행운아야."

잠자코 듣고 있던 포동이는 책상을 툭 치며 친구들에게 다가가,

"야, 언제는 한송이 선생님이 제일 좋다며!"

포동이는 친구들이 한송이 선생님을 잊은 것 같아 속상한 듯 툭

하강	이야기의 진행이 주인공이 실패하는 방향 例 현수가 구멍의 정체를 밝히는 데 실패하며 늦잠을 자지 말아야 한다는 메시지를 남기는 이야기
u자형	비극적인 시련을 겪은 후 행복한 결말을 맺는 희극적 플롯 例 구멍 속에서 갖은 고생을 다 하지만 보물을 찾아 부자가 된다는 이야기
n자형	파국으로 떨어지도록 하는 비극적 플롯 例 현수가 겪은 엄청난 비극적인 사건을 들려주며 눈물짓게 하는 슬픈 이야기
삽화	각각의 사건들이 연결되지 않고 단편적으로 연결된 플롯. 이야기 속 에 피소드들이 연관성이 없어 산만한 플롯이라고도 해요. 다양한 인물들을 주인공으로 등장시켜 각각의 이야기를 들려줘요. 例 현수, 현수 엄마, 배움터 지킴이 선생님이 겪은 각각의 사건에 대한 이야기

창의적
글쓰기
훈련

<메소드 연기>

1. 똥 도난 사건

쏘아붙이며 말했어.

"왕포동, 넌 뭘 잘했다고! 너 달팽이 집만 보면 화 나거든!"

포동이는 똘똘이 말에 아무런 대꾸도 없이 눈시울을 붉히며 고개를 숙였어. 옆에서 보고 있던 토닥이가 포동이를 토닥거리며 큰 소리로 말했어.

"왜 다들 포동이한테만 야단이니! 사실 멀리뛰기 했던 친구들 모두 잘못한 것 아냐! 한송이 선생님께서 항상 하시는 말씀 잊었어! 친구 사랑! 왕따 금지!"

토닥이 말에 몇몇 아이들이 포동이에게 다가가 눈물을 닦아 주며 위로해 주었지. 요즘 포동이는 학교에 가고 싶지 않아. 친구들이 잘해 주는데 이상하게 마음이 더 아파. 교실에 앉아 있으면 한송이 선생님의 환한 미소도 생각나고. 집 마당으로 낙엽이 하나둘 떨어져. 마당에서 바람이 '포동아, 왕포동' 소리를 내며 낙엽을 쓰는 것이 한송이 선생님 목소리 같아. 포동이는 방 한구석에 하얀 천으로 곱게 덮어 놓은 선생님의 달팽이 집을 꺼냈어. '꼼지락, 꼼지락' 달팽이 집에 글자를 새기더니 며칠 동안 닦는 거야. 어찌나 닦았던지 달팽이 집이 이젠 진주보다 더 반짝거려.

 이른 아침부터 포동이는 선생님의 달팽이 집을 들쳐메고 집을 나서네. 땀을 뻘뻘 흘리며 한참을 가다 보니 친구들과 소풍 갔던 꽃밭이 보였어. 코끝에 간질거리는 국화꽃 향기가 자기 좀 데려가라는 것마냥 포동이를 불렀지. 포동이는 국화꽃을 한 아름 꺾어 달팽이 집에 담았어. 꽃밭을 지나니 한송이 선생님께서 진흙밭에 빠진 친구, 말랑이를 씻겨 주었던 개울가가 보여. 포동이는 지나가는 곳마다 선생님과의 추억이 생각나 마음이 아팠어.

 어느덧 마을이 내려다보이는 뒷산에 도착했어. 저 멀리 소금밭이 보여. 아이들이 적어 놓은 쪽지와 시든 꽃다발들이 여기저기 선생님 무덤가로 뒹굴어. 포동이는 무덤 앞에 선생님의 달팽이 집을 살며시 내려놓았지. 몇 번이고 닦더니 들고 온 국화꽃을 달팽이 집 안에 하나하나 꽂았어. 포동이 뺨에는 눈물이 주르륵. 산 위로 부는 바람이 한송이 선생님의 손길인 양 포동이 눈가에 맺힌 눈물을 살며시 닦아 주네. 한참을 소금밭을 내려다보던 포동이는 건넛마을 쪽으로 몸을 축 늘어뜨린 채 기어가.

'나의 후손들은 항상 자신의 잘못을 돌아보며 선생님 무덤 앞에 평생 달팽이 집을 두어야 할 것'이라고 새겨진 달팽이 집은 뉘엿뉘엿 넘어가는 햇살에 먼발치에서도 반짝거려. 이후 포동이의 후손들은 달팽이 집이 없는 민달팽이라 불리게 되었단다.

우리 반 아이들한테 선생님이 얼마나 자기들을 사랑하는지 느끼게 해 주려고 들려줬던 이야기야. 그런데 우리 반 친구 한 명이 이 이야기를 유치원 동생에게 들려줬대. 또 어떤 친구는 부모님께 들려줬다는 거야. 넌 누구에게 들려주고 싶어? 읽는 대상을 골라 민달팽이의 전설을 다시 써 봐. 너무 힘들면 일부만 적어 봐도 좋아.

*여기서 잠깐

글을 쓰기 전 109쪽 '문체'를 읽어 봅시다.

✳생각해 보기

어른들이 하지 말라는 것을 해 본 적 있어? 그랬다가 낭패를 본 경험은? 만약에 어른들이 하지 말라는 것을 했는데도 혼쭐난 적이 없다면 운이 좋았던 거야. 민달팽이처럼 나중에 후회하지 말고 평소 어른들 말씀을 잘 듣는 아이가 되길 바라.

③

주인공이 타임머신을 만들어 미래로 여행하는 이야기입니다. 타임
머신이 완성되었을 때의 심정을 써야 합니다. 한 번쯤 학교에서 뭔가
를 구상해서 만들어 봤던 경험을 떠올려 봅니다.

④

가수가 주인공인 이야기입니다. 학예회 때 전교생 앞에서 노래를
불러 봤던 경험이나 학급 친구들 앞에서 노래를 부른 경험, 노래방
에서 마이크 잡고 노래 불렀던 경험을 떠올려 봅시다.

<상상력 키우기 1>

2. 요술 몽당연필

문체

문체의 사전적 의미는 문장의 개성적 특색을 의미해요. 우리가 말을 할 때도 사람마다 특징이 있는 것처럼 글도 글쓴이 특유의 말투가 있어요. 문장의 길이에 따라 간결체와 만연체가 있고, 부드러운 말투인가 강한 말투인가에 따라 우유체와 강건체, 꾸미는 말이 적은가 많은가에 따라 건조체와 화려체가 있어요.

문체의 종류에 대해 알아볼까요?

◊ 간결체

간결체는 짧고 간결한 문장으로 표현하는 문체를 의미해요. 기자였던 어니스트 헤밍웨이가 간결체를 많이 썼어요. 문장 하나하나가

매우 짧아요.

　🄰 학교에 간다. 날씨가 매우 춥다. 두꺼운 외투를 입어야겠다.

◊ 만연체

만연체는 문장을 길게 쓰는 문체를 의미해요. 꾸며 주는 말도 많고, 문장이 끊어지지 않고 두 문장 이상이 이어지기도 해요.

　🄰 학교에 가야 하는데 창밖을 보니 눈보라가 친다. 몸이 후덜덜 떨려 내가 가지고 있는 외투 중 가장 두꺼운 것으로 온몸을 꽁꽁 싸맸다.

◊ 우유체

문장을 우유처럼 부드럽고 순하게 표현하는 문체를 의미해요. 뭔가 여성처럼 우아한 분위기가 나는 문체예요. 자신의 생각을 강하게 전달하지 않고 겸손하게, 기분 나쁘지 않게 쓰는 것이 특징이랍니다.

　🄰 문 좀 열어 주시면 안 될까요?(≠ 문 열어!)

◊ 강건체

문장을 씩씩하고 강하게 써서 힘이 느껴지는 문체를 의미해요. 읽을 때 대담한 느낌을 주고 강한 공감을 불러일으키기도 해요. 직설적이고 뭔가 남성처럼 느껴지는 문체랍니다.

> **예** 청소합시다! 왜 이렇게 교실이 더럽죠? 청소를 한번도 안 했나요?

◊ 화려체

빗대어 쓰는 말과 꾸며 주는 말이 많은 화려한 문체를 의미해요. 체험학습이나 여행 가기 전에 예쁜 옷으로 골라 입고, 장신구로 많이 치장한 것처럼 느껴지는 문체랍니다.

> **예** 뜨거운 눈물이 포동이 얼굴을 간지럽히며 졸졸 흐르네. 산 위로 부는 바람이
> 한송이 선생님의 손길인 양 포동이 눈가에 맺힌 눈물을 살며시 닦아 주네.

◊ 건조체

빗대어 쓰는 말과 꾸며 주는 말이 없고 중요한 내용만 전하는 딱딱한 문체를 의미해요. 단순하고 평범하지만 작가가 하고 싶은 말

을 분명하게 전해 줘요. 꾸미거나 돌려 말하지 않아요.

> 예 내 친구 민수는 서울에서 온 전학생이다. 학교에 가끔 빠지는데 이유는 모르겠
>
> 다. 민수가 학교에 나오면 민수 짝꿍 옹희가 숙제를 도와준다.

*문체 바꾸기 연습

아래 예시를 보고 문체를 바꿔 써 봅시다.

예

아들은 부글부글 속이 타고 분이 치솟아 콱 죽어 버리고 싶었지만, 차마 그러지

못해 정처 없이 떠돌아다녔어.

☛ (건조체)

아들은 화가 나서 죽어 버리고 싶었지만, 그렇게 하지 못하고 떠돌아다녔어.

① ---

포동이는 선생님의 달팽이 집을 들쳐메고 집을 나서네.

☛ (화려체)

~~~~~~

~~~~~~

②

아이들의 응원에 더욱더 힘껏 공중으로 솟은 달팽이들은 한낮의
여름 햇빛을 받아 허공에서 별처럼 반짝거려.

→ (간결체)

~~~~~~

~~~~~~

<플롯>

7. 구멍

구멍

"빨리 일어나! 오늘도 늦잠이야."

엄마 잔소리에 못 이겨 일어나 보니 9시야. '오늘도 선생님께 한 소리 듣겠군. 어차피 늦을 바에 천천히 가자.' 교문을 들어서니 배움터 지킴이 선생님께서 어김없이 잔소리하시는 거야.

"우리 현수 오늘도 지각이구나. 1교시 시작했어! 얼른 교실로!"

따가운 눈총을 받으며 1층 엘리베이터 앞에 서 있는데,

"에헴."

뒤를 보니 지나가시던 교장 선생님께 딱 걸렸어. 이마에 땀이 삐질, 엘리베이터는 포기하고 계단으로 갔어. 우리 학교 교장 선생님께서는 학교 방송에서 전기를 아끼자고 항상 강조하시거든. 내가 눈

치는 있어. 2층 복도에선 음악 시간 노랫소리와 영어 따라 말하는 소리가 쩌렁쩌렁. 3층 복도를 지나는데 옆 반 재준이를 딱 마주쳤지.

"야, 현수 오늘도 지각이야, 오늘 너희 반 쌤, 화나신 것 같은데 조심해라."

재준이 말에 잔뜩 긴장하며 우리 반 교실 뒷문에서 살며시 교실 안을 살폈어. 마침 우리 반 1교시 수업이 음악인지라 노랫소리가 복도까지 쩌렁쩌렁 울리는 거야. 한창 고음이 올라가는 파트에서 고개를 푹 숙이고 드르륵 교실 문을 열었지. 교실로 발을 옮기는데 방금 전까지 들렸던 노랫소리가 사라지고 적막이 흘러. 난 고개를 들었어. '어! 아무도 없네! 분명히 친구들과 선생님을 봤는데.'

"얘들아! 선생님!"

'내가 아직 잠이 덜 깼나?' 내 볼을 꼬옥 꼬집었는데 아파. 꿈은 아니야. '이상하네.' 난 교실을 박차고 밖으로 나왔어. 옆 반 교실을 창문 너머로 쳐다보니 아무도 없는 거야.

"재준아! 배움터 선생님! 교장 선생님!"

뛰어다니며 방금 전에 만났던 사람들을 불러댔지.

아무런 대답이 없어. 난 순간 무서운 생각이 들어 휴대폰으로 집에 전화를 했어. 전화가 먹통이야. 학교 밖으로 나갔는데 조금 전까지 있었던 차들, 사람들이 몽땅 사라진 거야. '이럴 때일수록 침착해야 해, 문제의 시작점은 교실, 내가 교실에 들어선 순간부터야.' 난 마음을 가다듬고 교실을 차근차근 살펴봤어. 한참을 이곳저곳 봤는데 칠판 한가운데 평소 보이지 않았던 5백 원짜리만 한 구멍이 있는 거야. 까만 구멍. 난 두리번거리며 손에 닿는 것 아무거나 넣어 보았어. 무엇이든 다 쑤욱 빨려 들어가. 구멍에 입을 대고 소리를 쳤지. '선생님, 님… 님… 님….' 내 목소리가 아주 오랫동안 메아리를 쳤지.

도대체 이 구멍은 뭘까? 사람들은 왜 사라진 걸까? 뒷이야기를 상상해서 적어 봐.

*여기서 잠깐

글을 쓰기 전 120쪽 '플롯'을 읽어 봅시다.

〰〰〰〰〰〰〰〰〰〰〰〰〰〰〰

〰〰〰〰〰〰〰〰〰〰〰〰〰〰〰

〰〰〰〰〰〰〰〰〰〰〰〰〰〰〰

〰〰〰〰〰〰〰〰〰〰〰〰〰〰〰

〰〰〰〰〰〰〰〰〰〰〰〰〰〰〰

〰〰〰〰〰〰〰〰〰〰〰〰〰〰〰

〰〰〰〰〰〰〰〰〰〰〰〰〰〰〰

〰〰〰〰〰〰〰〰〰〰〰〰〰〰〰

〰〰〰〰〰〰〰〰〰〰〰〰〰〰〰

〰〰〰〰〰〰〰〰〰〰〰〰〰〰〰

〰〰〰〰〰〰〰〰〰〰〰〰〰〰〰

〰〰〰〰〰〰〰〰〰〰〰〰〰〰〰

플롯

플롯이란 일반적으로 구조, 구성, 짜임새 또는 틀이라고도 하며, 건축의 설계도에 비유되기도 해요. 즉, 사건의 논리적인 배치를 말해요. 줄거리와 비슷한 의미일 수 있으나 줄거리는 시간 흐름에 따라 쓴다면 플롯은 글쓴이의 의도대로 사건을 짜임새 있게 재구성해요. 어떤 이야기는 시간 순서대로 들려주기도 하지만 주제를 효과적으로 전달하기 위해 결말 즉, 나중에 벌어지는 일을 먼저 쓰기도 한답니다.

플롯에 대해 알아볼까요?

◊ 플롯 기본 5단계

플롯은 대개 갈등과 그 해결 과정에 의해 만들어져요. 우리에게 가장 익숙한 기본 플롯의 구성은 다음의 5단계랍니다.

단계	내용
발단	이야기의 기본 배경과 주인공, 등장인물을 소개해 줘요(이야기의 시작). 예 조선시대 한 선비가 과거 시험을 보러 한양에 가요.
전개	주인공과 주변 인물들의 갈등을 보여 주는 사건이 나와요(이야기의 진행). 예 선비의 집이 가난해서 꼭 합격해야 해요. 숲속에서 산적 떼를 만나요.
위기	전개에 나온 갈등이 점점 심해지는 것을 보여 줘요(위기와 시련의 단계). 예 산적 떼가 선비를 공격해요.
절정	주인공의 감정이 폭발하고 문제가 극으로 달해요. 예 산적 떼와 결판 승부를 겨뤄요.
결말	갈등이 해결되고 문제가 풀리는 단계, 주인공의 운명이 결정돼요(사건의 해결). 예 선비가 지혜로운 방법으로 산적 떼를 이기고 과거에 합격해요.

◊ 플롯의 종류

플롯에는 다양한 종류가 있어요. 「구멍」의 뒷이야기를 예로 들어 살펴봐요.

유형	내용
단순	한 가지 이야기만으로 이루어진 비교적 단순한 플롯 방식 ⑩ 현수가 겪은 한 가지 이야기
복합	두 가지 이상의 이야기가 얽혀서 전개되는 플롯 방식 ⑩ 구멍과 연결된 조선시대와 2050년 시대로의 여행 이야기
평면	이야기의 진행이 시간적 순서에 따라서 전개되는 순차적 플롯 ⑩ 현수가 구멍에 들어가서 겪은 일을 시간 순서대로 들려주는 이야기
입체	이야기의 진행이 시간적 순서에 역행적으로 전개되는 플롯. 분석적 플롯이라고도 해요. ⑩ 구멍에 들어가니 그날 아침에 침대에 누워 있는 다른 차원의 나를 발견하고 결말을 먼저 듣게 됨
피카레스크	동일한 주제나 인물이 겪는 여러 가지 독립된 이야기를 들려주는 플롯. ⑩ 구멍에서 만난 3명의 인물들과 날마다 겪는 독립된 사건들에 관한 이야기. '짱구는 못 말려'처럼 시리즈가 있음
상승	이야기의 진행이 주인공이 성공하는 방향 ⑩ 현수가 구멍의 정체를 밝히고 원하는 세상으로 다시 돌아오는 이야기

하강	이야기의 진행이 주인공이 실패하는 방향 ⑩ 현수가 구멍의 정체를 밝히는 데 실패하며 늦잠을 자지 말아야 한다는 메시지를 남기는 이야기
u자형	비극적인 시련을 겪은 후 행복한 결말을 맺는 희극적 플롯 ⑩ 구멍 속에서 갖은 고생을 다 하지만 보물을 찾아 부자가 된다는 이야기
n자형	파국으로 떨어지도록 하는 비극적 플롯 ⑩ 현수가 겪은 엄청난 비극적인 사건을 들려주며 눈물짓게 하는 슬픈 이야기
삽화	각각의 사건들이 연결되지 않고 단편적으로 연결된 플롯. 이야기 속 에피소드들이 연관성이 없어 산만한 플롯이라고도 해요. 다양한 인물들을 주인공으로 등장시켜 각각의 이야기를 들려줘요. ⑩ 현수, 현수 엄마, 배움터 지킴이 선생님이 겪은 각각의 사건에 대한 이야기

창의적
글쓰기
훈련

<메소드 연기>

1. 똥 도난 사건

똥 도난 사건

주정뱅이 아저씨가 새벽에 길을 가는데 갑자기 똥이 마려워. 그런데 근처에 화장실이 없는 거야. 비슷한 일 겪은 적 있어? 그때 기분을 생각하며 주정뱅이 아저씨가 되어 어떤 심정일지 적어 보자.

주정뱅이 아저씨는 한참을 둘러보다가 은행 365코너를 찾았어. 길가 가판대에 있던 신문 한 뭉치를 들고 안으로 들어가 시원하게 볼일을 보았지. 신문지로 똥을 돌돌 말아서, 누가 볼까 조심히 나왔어. 그런데 그때,

"부릉, 부르릉…."

오토바이를 타고 있던 도둑이 똥 담긴 신문지 한 뭉치를 탁 낚아채서 달아나는 거야. 은행 365코너에서 몰래 나오니 큰 돈뭉치가 들어 있는 줄 알았겠지.

"어, 저기…."

주정뱅이 아저씨가 폴짝폴짝 뛰면서 한참 손짓을 하며 말하는데,

"하, 하. 저리 날뛰는 것을 보니 큰돈인가 보네. 오늘도 한 건 했군."

오토바이 백미러로 당황한 듯 손드는 주정뱅이 아저씨를 본 도둑은 웃으며 달아났어.

돈뭉치가 아닌 똥 뭉치란 걸 알게 된 도둑은 어떤 심정일까? 아주 기대했다가 실

망한 적 있어? 그때 기분을 생각하며 도둑의 마음을 상상해서 뒷이야기를 써 봐.

＊여기서 잠깐

글을 쓰기 전 131쪽 '메소드 연기'를 읽어 봅시다.

<상상력 키우기 2
/ 로봇 상식>

3. 로봇과 함께한 하루

로봇과 함께한 하루

오늘은 몹시 피곤한 밤이 될 거야. 토요일 영재 수업이 있었거든. 신정은 선생님과 함께한 수업은 우주만큼 재미있지만, 수업 시간에 들었던 재밌는 이야기에 대한 상상으로 잠을 이루기 힘들어. 오늘 수업 시간을 생각하며 한참을 혼자 웃다가 중얼거리다가, 갑자기 신정은 선생님께서 주신 상자가 생각났어.

"여러분의 상상이 24시간 동안 현실로 이루어집니다. 소원을 빌면 상자가 열려요."

하시고는 가로와 세로가 고작 10cm 되는 상자를 내미셨지. 정말 엉뚱하신 선생님, 저런 분은 처음이야. 하루는 내 마음을 읽어서 깜짝 놀란 적도 있고, 집중력 훈련 때는 글쎄 내가 생각한 숫자도 척척

메소드 연기

　메소드 연기란 배우가 극에서 주어진 역할에 몰입해 그 인물 자체가 되어 연기하는 방법을 의미해요. 모스크바 예술학교의 콘스탄틴 스타니슬라프스키가 만든 것으로, 배우를 교육시키는 학교에서 유래한 것이랍니다. 메소드 연기를 위해 그가 개발한 방법은 정서 회상인데, 극 중 인물의 감정과 유사한 배우의 감정을 찾기 위해 자신의 경험을 생각하게 해요. 이야기에서 등장인물의 말과 행동, 성격을 만들 때 이 방법을 적용해 보면 좀 더 생생하고, 사실적인 글을 쓸 수 있어요.

*메소드 연기를 적용한 글쓰기 연습

자신이 겪은 비슷한 경험을 생각해 봅시다.

①

외계인이 주인공인 이야기입니다. 여러분이 말도 통하지 않고 문화도 다른 나라로 한 번쯤 여행했던 경험을 떠올려 외계인의 입장이 되어 봅니다.

②

세계 육상 선수권 대회에서 금메달을 획득한 선수가 주인공인 이야기입니다. 고된 훈련 끝에 금메달을 따고 기뻐하는 선수의 심정을 써야 합니다.

달리기 시합에 일등 했던 경험이나, 체육 수행평가를 위해 열심히 연습해서 좋은 점수를 받아 기뻤던 경험을 떠올려 주인공의 입장이 되어 봅니다.

③

주인공이 타임머신을 만들어 미래로 여행하는 이야기입니다. 타임
머신이 완성되었을 때의 심정을 써야 합니다. 한 번쯤 학교에서 뭔가
를 구상해서 만들어 봤던 경험을 떠올려 봅니다.

④

가수가 주인공인 이야기입니다. 학예회 때 전교생 앞에서 노래를
불러 봤던 경험이나 학급 친구들 앞에서 노래를 부른 경험, 노래방
에서 마이크 잡고 노래 불렀던 경험을 떠올려 봅시다.

<상상력 키우기 1>

2. 요술 몽당연필

요술 몽당연필

지구에서 멀리 떨어진 곳에 지구보다 아름다운 별이 있어. 그 별 한가운데는 커다란 나무들이 있는데, 그 나무들에 귀를 대면 다른 별의 소리가 들려. 완전 우리가 아는 전화기라니깐. 이 나무 전화기의 주인은 바로 천사! 어깻죽지엔 하얀 날개도 있고 머리 위에는 반짝이는 링이 뱅글뱅글 도는 것이 우리가 보기엔 영락없이 천사의 모습이야. 이곳에 사는 천사들은 모두 한 가지씩 신기한 마법의 물건을 가지고 있어.

그중 내가 가장 좋아하는 천사 한 명을 소개할게. 은서라는 아기 천사인데 이름이 익숙하지 않아? 지구인, 그중에서도 특히 한국인을 좋아해서 자기가 지은 이름이래. 이 별이 아름다운 이유는 은서

135

때문이야. 은서가 가지고 있는 마법은 요술 몽당연필. 잡기도 불편한 몽당연필이지만 그리는 것은 모두 실제로 나타나 버려. 은서가 하는 일은 이 몽당연필로 이 별을 아름답게 꾸미는 거지. 은서는 그림 그리는 것을 좋아해서 자기가 맡은 일을 무척이나 열심히 했어.

"은서야, 오늘은 우리 집 앞뜰에 장미꽃을 그려 주렴?"

얼마 전에 지구에 다녀오신 옆집 아저씨께서 장미꽃을 건네며 말씀하셨어.

"아저씨, 향기가 정말 좋아요. 이런 향기로 가득 찬 지구는 얼마나 멋질까요? 아저씨, 지구 나무에서 '짹짹짹' 하는 소리를 들었어요. 그건 뭐죠? 다음에 지구 가실 때 데려와 주시면 안 돼요? 그럼 제가 아저씨 집을 장미꽃으로 가득 채워 드릴게요."

어른 천사들이 그림을 부탁하시며 건네신 물건 중 유독 은서의 마음을 사로잡는 것은 전부 다 지구에서 온 것들뿐이야. 은서는 지구에 몹시 가 보고 싶어서 시간이 날 때마다 지구 나무 전화기에 귀를 대고 지구 모습을 상상해 봤지. 소리만으로는 호기심이 채워지지 않아. 가 보고 싶지만 어른 천사들만 다른 별에 가 볼 수 있어. 옆집 천사 아저씨의 지구 이야기를 한참 듣던 은서가 물었어.

"아저씨, 제가 어른이 되려면 아직도 천 년이나 남았어요. 지구가 너무 보고 싶어 그 전에 병이 날지도 모르겠어요. 지구를 잠시라도 볼 수 있는 방법은 없을까요?"

아저씨는 은서의 간절한 눈을 보시더니 대답하셨어.

"어린 네가 법을 어기고 지구에 가면, 그곳에서 사람으로 살아야 해. 그럼 넌 백 년도 못 살고, 지금껏 겪어 보지 못한 고통을 당하며 후회할걸. 그리고 네가 없으면 이곳은 누가 꾸미니?"

이 말에 풀이 죽은 은서는 시무룩한 표정으로 장미꽃을 바라봤어.

"그렇게 지구가 보고 싶니?"

"네!"

은서는 두 날개를 쭉 펼치며 외쳤어. 아저씨는 항상 놀지도 쉬지도 않고 열심히 별을 꾸미는 은서의 간절한 소원을 들어주고 싶었어.

"좋아, 음, 이건 비밀인데 말이야, 너만 알고 있어야 해! 이번에 미가엘 님이 지구에 가시거든. 그분을 따라가면 금지된 연못에서 큰 구슬이 나올 거야. 절대 구슬 근처에 가지는 말고 먼발치에서 구슬

안을 바라만 보렴. 그 구슬이 지구의 모습을 보여 줄 거야. 미가엘
님한테 들켜서는 안 돼."

　은서는 뛸 듯이 기뻐하며 단숨에 미가엘 님의 집으로 달려갔어.
창문 안을 몰래 들여다보니 미가엘 님이 양쪽 어깨에 달린 길고 하
얀 날개를 닦으시더니 반짝이는 가루를 뿌리며 몸치장을 하고 계셨
지. 치장이 끝나자 두리번거리시며 조심스레 집을 나섰어. 은서는 몰
래 뒤를 따랐지. 금지된 숲속 깊은 곳에 들어서자 설레고 두려운 마
음에 심장이 쿵쾅거렸어. 미가엘 님이 한참을 가시다가 멈추시더니
뒤를 돌아보셨어. 은서는 큰 돌 사이로 몸을 숨기고 미가엘 님을 쳐
다봤지. 미가엘 님은 연못 위로 날갯짓을 하며 빙빙 돌았어. 날개에
서 떨어지는 반짝이는 가루가 연못 위로 살포시 내려앉더니 연못이
반으로 갈리며 열리는 거야. 열린 연못 한가운데서 아저씨 말대로
커다란 구슬이 떠오르더니, 미가엘 님이 구슬 속으로 연기처럼 사
라졌지. 구슬을 들여다본 은서는 아름다운 지구 모습을 뚫어져라
쳐다봤어. '아, 저 아름다운 꽃들과 드넓은 들판, 바다를 이 천국에
똑같이 그려 보고 싶어.' 지구의 모습을 자세히 보고 싶었던 은서는

천천히 호수로 내려가는 구슬로 아주 가까이 다가가 버렸지.

"아악!"

은서는 순간 연기처럼 구슬 속으로 빨려 들어갔어. 발버둥을 쳐 보았지만 이미 늦었지. 정신을 차려 보니 지구야. 양쪽 어깨에 달려 있던 하얀 날개는 온데간데없이 사라지고 어깨가 너무 아파. 아저씨 말씀대로 사람이 된 거야. '괜찮아, 이 아름다운 지구에서 사람으로 살지 뭐.' 은서는 양어깨의 아픔도 잊은 채 지구에 있다는 사실만으로도 가슴이 벅찼어. '내가 가져온 요술 몽당연필이 있으면 지구에서도 행복하게 지낼 수 있을 거야. 난 이제부터 김은서라구.' 사람이 된 은서는 요술 몽당연필로 엄마도 그리고 아빠도 그리고 집도 그렸어.

"오늘은 또 뭘 그릴까? 놀러 갈 때 입을 예쁜 원피스를 그려 볼까? 신발은?"

은서는 그릴 것을 상상하며 이불 안에서 몽그작거리며 중얼거렸지. 생각만 해도 즐거운지 자꾸 혼자 낄낄대며 웃는 거야. 그때 아래층에서 엄마가 은서를 불러.

"은서야, 밥 먹고 학교 가야지!"

"네!"

"침대 정리하고 오렴."

'엄마를 괜히 그랬나. 아, 오늘은 정말 학교 가기 싫다.' 지구에서 유일하게 가기 싫은 곳, 학교에 무거운 발걸음으로 나섰어. 오늘은 더욱이 은서가 청소 당번이야.

"뭐야, 계속 쓸어도 끝이 없네. 멀쩡한 연필, 지우개 좀 봐! 진짜 너무한다."

은서는 교실 바닥에 버려진 학용품을 보며 혼잣말로 투덜거리며 교실을 쓸었어.

"은서야, 이것도 휴지통으로 부탁해."

짝 재훈이가 반쯤 쓰다 남은 지우개를 휙 바닥에 버리는 거야.

"야, 김재훈!"

은서는 발끈하며 재훈이를 쏘아보았어.

"얘들아, 저기 봐! 잔소리쟁이 은서가 또 시작이다."

반 친구들이 뒤에서 소곤거리는 소리가 들렸어. 은서는 꾹 참고 쓰다 만 몽당연필과 지우개가 가득 찬 휴지통을 들고 낑낑대며 교실 밖으로 나갔어. 재훈이는 까르르 웃으며 아무렇지도 않다는 듯 은 서의 뒷모습을 쳐다봤지.

　어느 날, 운동장에서 체육 시간이 끝나고 교실로 돌아온 은서는 깜짝 놀라며 소리쳤어.

　"어떡해! 야, 김재훈, 혹시 책상 위에 있던 내 몽당연필 봤어?"

　"그깟 몽당연필 하나 가지고 그렇게 소리를 지르니! 내가 버렸어. 짝꿍 좋다는 것이 뭐니, 그런 쓰레기도 치워 주고 하는 거지."

　은서는 가슴이 철렁 내려앉았어. 눈물을 흘리며 소리쳤지.

　"그깟 몽당연필? 이 나쁜 자식아!"

　은서 목소리가 어찌나 앙칼지고 크던지 교실이 흔들흔들거렸다니 깐. 은서는 헐레벌떡 학교 밖으로 뛰쳐나갔어. 멀리 보이는 쓰레기차 를 쫓아 달렸지. 지구에서 마법의 물건을 잃어버렸다가 지구에서 천 년 동안 동물로 사셨던 헤마하 님이 생각났어. 글쎄 마법의 물건을 겨우 찾아 돌아오셨는데 얼마나 고생을 하셨던지 그 뒤로는 지구에 한번도 가신 적이 없지. '어떡하지! 뱀이 되어 버리면, 파리가 되어 버리면!' 헤마하 님이 쓰셨던 유명한 자서전 『지구 동물들의 아우성』에서 읽었던 동물의 삶이 생각나 다리가 후들후들 떨렸어.

"안돼! 멍, 멍, 멍."

순식간에 강아지가 된 은서는 쓰레기장 주변을 맴돌며 목이 쉬도록 짖었어. 은서가 지구에 와서 그린 모든 것은 순식간에 연기처럼 사라져 버렸지.

따사로운 햇살이 내리쬐는 봄이야. 마을 쓰레기장을 치우시던 청소부 아저씨가 혀를 끌끌 차시며 요술 몽당연필을 주웠지.

"아이고, 이 쓸 만한 연필을 또 버렸네. 정말 큰일이야. 요즘 아이들은 뭘 아낄 줄 모른다니까."

집으로 돌아온 청소부 아저씨는 버려진 연필이 가득 찬 비닐봉투를 큰아들 정호에게 건넸어.

"아빠, 또 쓰레기장에서 연필 주워 오신 거예요? 제발 이러지 마세요! 창피하게 이게 뭐야!"

정호는 봉투를 힘껏 바닥에 던졌어.

"형, 왜 그래! 아빠가 우리 생각하셔서 가져오신 거잖아! 아빠, 제가 쓸게요."

민혁이는 내동댕이쳐진 몽당연필들을 주워 모아 깨끗이 닦았지.

그날 저녁, 민혁이는 몽당연필들 가운데 가장 작은 요술 연필을 꺼내 수학 숙제를 했어.

"어, 이게 뭐지? 내 눈이 이상한 건가?"

공책 속에서 숫자들이 춤을 추는 거야. 민혁이는 연거푸 눈을 비볐지만 숫자들은 여전히 신나게 춤을 추고 있었어. '꽃을 한번 그려 볼까? 어, 내가 그린 꽃이 진짜 꽃이 되었어! 어! 그럼 이, 이건 마법의 연필, 그런 건가!' 자기가 혹시나 헛것을 본 것인지, 정말 요술 연필이 맞는지, 맞다면 이 요술 연필을 무엇에 쓰면 좋을지 이런저런 생각에 뒤척이다 겨우 잠이 들었어.

아침이 되자, 민혁이는 여전히 어젯밤 일이 믿기지 않는 듯 요술 연필을 꺼내어 만지작거렸지. 밤새도록 고민했던 그림을 그려 보기로 결심하고 일찍 집을 나섰어. 민혁이가 간 곳은 아버지께서 일하시는 쓰레기장이야.

"아빠, 여기 버려진 물건 저 주시면 안 돼요?"

"뭐에 쓰려고?"

"그건 비밀이에요."

아버지는 활짝 웃는 민혁이 볼을 말없이 쓰다듬으셨어. '저기 다리 하나 빠진 의자는 다리 하나를 그려서 옆집 할머니 드리고, 손잡이가 깨진 냄비는 손잡이 그려서 엄마 드리고, 바퀴 하나 빠진 자전거는 바퀴를 그려서 옆집 아이 주고…' 민혁이는 선물을 받고 기뻐할 사람들 생각을 하니 절로 신이 났어. 쓰레기장에는 조금만 손보면 쓸 만한 물건이 많았거든. 힘들었지만 하루하루 재미있었어.

민혁이는 오늘도 어김없이 몽당연필을 들고 쓰레기장 이곳저곳을 뒤적거렸어.

"어, 아빠! 여기 강아지가 누워 있어요. 어디 아픈가 봐요." 민혁이는 판자 아래 지친 듯 쓰러져 있는 은서를 보며 안쓰러운 듯 말했어.

"주인이 잠시 두고 간 강아지일 수도 있으니 그냥 그대로 두거라."

144

"아빠, 주인이 나타날 때까지 제가 데리고 있으면 안 돼요? 제발 요! 네?"

민혁이는 상처투성이에 며칠 굶은 듯 힘없는 은서가 가여웠어.

"좋아, 그럼 며칠만이다."

아버지 허락을 받은 민혁이는 은서를 꼭 끌어안고 집으로 향했어.

"강아지야, 깨끗이 씻었으니 여기 맛난 것도 먹어 봐."

민혁이는 요술 연필로 먹음직스러운 닭다리를 그리며 말했지.

"어! 어! 그건 내 요술 연필이잖아! 이리 줘! 그건 내 거야! 멍, 멍, 멍!"

요술 연필을 찾았다는 기쁜 마음에 목청껏 외쳐 보지만 민혁이 귀엔 그저 '멍멍' 거리는 소리일 뿐이야. '그래, 이렇게 말하는 것 아무 소용없지. 그냥 민혁이 옆에서 지내다 기회를 잡아 요술 연필을 되찾아야겠다.' 오랫동안 강아지로 지내면서 지쳤던 은서는 잠시 민혁이 무릎에 앉아 잠이 들었어.

은서는 하루 종일 민혁이 꽁무니를 졸졸 따라다녀.

"우리 예쁜 강아지, 오늘도 짐 나르는 거 도와주려고 이렇게 따라오는 거야?"

민혁이는 이젠 제법 살이 올라 통통해진 은서 머리를 쓰다듬으며 말했어. '민혁이는 오늘도 쓰레기장에 버려진 물건을 요술 연필로 고쳐서 사람들에게 나눠 주는구나.' 날마다 남을 위해 그림을 그리는 민혁이 모습에 은서는 부끄러운 마음이 들었어. 자기 별에 있을 때는 꾸미는 것만 좋아해서 다른 천사들이 고장 난 물건 고치러 오면 짜증이 났었거든. '지구에 온 뒤로 한번도 남을 위해 요술 연필을 쓴 적이 없어. 민혁이는 남을 위해서만 쓰잖아. 어쩌면 민혁이만이 요술 연필을 가질 자격이 있는지도 몰라.' 민혁이는 은서의 이런 마음을 아는 양 은서를 쓰다듬었지.

쓰레기장에서 하루를 마치고 집에 돌아온 민혁이는 큰 도화지 한 장을 꺼냈어.

"우리 강아지, 이제 곧 추운 겨울이 올 텐데, 내가 예쁜 모자 하나 그려 줄까? 겨울에도 이 모자 쓰고 내가 하는 일 도울 거지?"

민혁이는 요술 연필을 꺼내 도화지에 큰 털모자를 그렸어.

도화지에 드러난 털모자를 은서 머리에 씌우려 하자 방문이 확 열리며 형이 들어오는 거야.

"야! 야! 민혁아, 나 다 봤어! 어쩐지 수상하더라. 너 지금 그 모자 방금 네가 그린 것 아냐!"

"형! 그게 아, 아, 아니라…"

정호는 민혁이 손을 치며 요술 연필을 빼앗아 벽에 큰 사과를 그렸어. 사과가 벽에서 툭 하고 떨어지자, 정호는 믿기지 않는다는 듯 자기 볼을 힘껏 꼬집었지.

"아이고, 아파라, 꿈이 아니네! 이걸 너 혼자 썼다 이거지! 이제부터 형이 쓴다! 알겠어!"

요술 연필을 갖게 된 정호는 날마다 갖고 싶은 물건을 그려서 반쯤 쓰다 버렸어. 이 모습을 지켜본 은서는 화가 났지. 은서는 정호가 쉬는 틈을 기다려 잽싸게 달려가 요술 몽당연필을 꿀꺽 삼켜 버렸어. 그리고는 집을 뛰쳐나와 황급히 도망갔지. 요술 연필을 되찾은 은서는 다시 사람이 되었어.

민혁이는 집 나간 강아지가 걱정되어 한숨을 푹푹 쉬며 교실 창밖을 보고 있었지. 교실 문이 드르륵 열리더니 선생님 뒤로 한 여학생이 따라와.

"여러분, 우리 반에 새로운 전학생이 왔어요. 자기소개 해 볼까?"

"안녕하세요. 김은서입니다."

민혁이는 강아지를 닮은 전학생 은서를 보고 깜짝 놀랐어. 둘은 금세 단짝 친구가 되었지. 민혁이와 은서는 머리가 희끗희끗한 할아버지와 할머니가 될 때까지 함께했고, 평생 남을 위해 봉사하면서 살았단다. 훗날 미가엘 님이 둘을 찾아와서 자기 별로 데려갔다고 해. 민혁이와 은서가 지금 저 우주 어딘가에서 나무 전화기로 우리 말을 듣고 있는지도 모르겠다.

먼가를 잃어버린 적 있어? 은서가 요술 몽당연필을 잃어버렸을 때 은서의 마음은 어땠을까? 은서가 되어 1인칭 주인공 시점으로 그날 일을 다시 적어 보자. 일기 쓰듯 적어 봐도 좋아.

✳ **여기서 잠깐**

글을 쓰기 전 87쪽 '시점'과 131쪽 '메소드 연기'를 복습해 봅시다.

<상상력 키우기 3>

4. 오덕후 실종 사건

오덕후 실종 사건

덕후는 오늘도 외계인 이야기야. 하필이면 이름도 '오덕후'라는 초등학교 4학년 아이인데 그 아이의 뇌를 보자면 아마도 90% 이상이 외계인과 UFO 연관어로 가득 차 있을 거야.

"엄마, 우리 학하동으로 이사 가자. 응?"

"언제는 미국 로즈웰로 이사 가자며. 또 외계인 이야기면 밥이나 마저 먹어라."

덕후 엄마는 덕후를 째려보며 짜증 나시는 듯 말씀하셨어. 덕후 동생 덕수는 형의 외계인 이야기에 질리지도 않는 듯, 두 눈을 동그랗게 뜨고 형을 쳐다보며 물어봐.

"형아, 학하동에 외계인 있어?"

네가 만약 민혁이처럼 우연히 요술 연필을 주웠다면 무엇을 그렸을 것 같아? 상

상해 봐. 그리고 무슨 일을 겪게 될 것 같아? 네가 상상한 것을 읽고 싶어.

내가 요술 연필로 그린 그림	
내가 요술 연필로 이 그림을 그린 이유는?	

*여기서 잠깐

글을 쓰기 전 120쪽 '플롯'을 복습해 봅시다.

~~~~~~

~~~~~~

~~~~~~

~~~~~~

~~~~~~

~~~~~~

~~~~~~

~~~~~~

~~~~~~

~~~~~~

~~~~~~

~~~~~~

헤마하 님이 쓰셨던 유명한 자서전 『지구 동물들의 아우성』은 어떤 내용일까? 헤마하 님은 어떤 요술 물건을 가지고 계셨고 어떻게 잃어버렸을까? 상상해 봐. 네가 상상한 이야기를 들려 줘.

＊여기서 잠깐

글을 쓰기 전 36쪽 '인물', 57쪽 '배경', 66쪽 '갈등'을 복습해 봅시다.

＊생각해 보기

　자기 물건을 막 버린 적 있어? 학생들이 학용품을 함부로 대하는 것을 많이 봤어. 볼 때마다 속상해. 우리나라가 아프리카보다 더 가난한 적이 있었어. 그때는 지우개가 없어서 침으로 틀린 글자를 지우고, 가방도 없어서 보자기를 가방으로 썼다고 해. 아직도 다른 나라에는 그런 친구들이 많아. 물건을 함부로 쓰는 것은 정말 부끄러운 일이야. 열심히 일하시는 부모님께도 죄송한 일이지. 무엇이든 아껴 쓰길 바라.

<상상력 키우기 2
/ 로봇 상식>

3. 로봇과 함께한 하루

로봇과 함께한 하루

오늘은 몹시 피곤한 밤이 될 거야. 토요일 영재 수업이 있었거든. 신정은 선생님과 함께한 수업은 우주만큼 재미있지만, 수업 시간에 들었던 재밌는 이야기에 대한 상상으로 잠을 이루기 힘들어. 오늘 수업 시간을 생각하며 한참을 혼자 웃다가 중얼거리다가, 갑자기 신정은 선생님께서 주신 상자가 생각났어.

"여러분의 상상이 24시간 동안 현실로 이루어집니다. 소원을 빌면 상자가 열려요."

하시고는 가로와 세로가 고작 10cm 되는 상자를 내미셨지. 정말 엉뚱하신 선생님, 저런 분은 처음이야. 하루는 내 마음을 읽어서 깜짝 놀란 적도 있고, 집중력 훈련 때는 글쎄 내가 생각한 숫자도 척척 알아맞혀! 난 가방 속에 있던 상자를 꺼내 요리조리 살펴보았어. 뚜껑도 없고 흔들면 아무 소리도 나지 않은 아주 가벼운 상자야. 난 호기심이 발동했어. 묵직한 망치로 '쾅!' 때려 봤지만 상자는 꿈쩍도 안 해. 글쎄 찌그러지지도 않는 거 있지. '신정은 선생님께서는 엉뚱하시지만 헛소리하실 분이 아니야.' 차분히 마음을 가라앉히고 오늘 배운 로봇을 상상했어. 현재 기술로 만들 수 없다는 로봇, 오늘 내 소원은 내가 상상한 로봇과 하루를 보내는 거지.

마음을 차분히 가라앉히고 마음속으로 오늘 배운 로봇의 용도와 종류, 그리고 로봇의 3원칙을 생각하며 소원을 빌었어. 소원을 빌자마자 상자가 요동치는 것 있지. 난 지진이 난 줄 알았다니까. 요동치는 상자는 갑자기 멈추더니 뚜껑이 '팍!' 밝은 빛을 쏟아내며 열렸어. 난 조심히 그 안을 들여다봤지. 놀라지 마. 지금부터 한 이야기는 정말 믿을 수 없을 테니. 그 조그만 상자를 들여다보니 하늘도 있고 꽃밭도 있었어. 난 서랍 속에서 돋보기를 꺼냈어. 조그만 상자 속 세상은 정말 모든 것이 작았거든. 꽃잎 위에 앉은 나비 한 마리가 보여. 정말 예뻐. 난 나비에게 돋보기를 가까이 들이댔지.

✻내가 본 나비야! 상상해서 그려 봐.

나비는 훨훨 날아가더니 어느 창고 앞에 앉았어. 난 창고를 열었어. 문고리가 어찌나 작은지 이쑤시개로 조심히 당겼다니깐. 창고 안

<수학 교과 융합
/ 이야기 속 수학 개념>

5. 공포의 수학 시간

에 어머나! 내가 상상한 로봇이 있는 거야! '내가 상상한 로봇은 이 크기가 아닌데! 어휴… 신정은 선생님, 장난하십니까?' 난 정말 콩알만 한 로봇을 보며 짜증이 났지만 얼른 핀셋을 찾았지. 창고 안에 있는 로봇을 꺼내려고. 아주 조심히 로봇을 들어 올렸어. 상자 위로, 천천히 조심히 들어 올렸는데,

"어억…!"

상자 밖으로 나온 로봇이 쭈욱 커지는 거야. 내가 상상했던 그 크기만큼. 내 로봇을 소개할게.

＊여기서 잠깐

글을 쓰기 전 168쪽 '로봇 상식'을 읽은 후 여러분이 상상한 로봇을 적어 봅시다.

☛ 로봇의 용도는 ＿＿＿＿＿＿＿＿＿＿＿＿＿＿＿＿＿＿ 이고

☛ 종류는 〜〜〜〜〜〜〜〜〜〜〜〜〜〜〜〜〜〜〜〜〜〜〜 이야.

☛ 내 로봇의 안전행동 원칙은

〜〜〜〜〜〜〜〜〜〜〜〜〜〜〜〜〜〜〜〜〜〜〜〜〜〜〜〜

〜〜〜〜〜〜〜〜〜〜〜〜〜〜〜〜〜〜〜〜〜〜〜〜〜〜〜〜

〜〜〜〜〜〜〜〜〜〜〜〜〜〜〜〜〜〜〜〜〜〜〜〜〜〜〜〜

〜〜〜〜〜〜〜〜〜〜〜〜〜〜〜〜〜〜〜〜〜〜〜〜〜〜〜〜

〜〜〜〜〜〜〜〜〜〜〜〜〜〜〜〜〜〜〜〜〜〜〜〜〜〜〜〜

* **네가 상상한 주인공 로봇의 생김새를 그려 봐.**

네가 그린 로봇과 함께한 하루! 상상해 봐! 무슨 일이 있었는지 적어 보자. 일기처럼 적어 봐도 좋아.

＊여기서 잠깐

글을 쓰기 전 22쪽 '장르'와 120쪽 '플롯'을 복습해 봅시다.

난 내가 겪은 일을 영재원에 가서 신나게 말했어. 다른 친구들도 마찬가지야. 모두들 그런 모습은 처음이야. 침을 튀기면서, 소리를 질렀다가, 웃었다가, 울었다가 아주 난리도 아니야.

9시가 되자, 신정은 선생님께서 교실로 들어오셨어. '이대로 멈춰라!' 모두 정지 화면. 그리고 선생님을 바라보았지. 한 친구가 용기를 내어 외쳤어!

"선생님! 선생님은 지구인 아니죠?"

모두 웃지 않았어. 아마도 같은 생각이라 그랬을지도 몰라.

너희는 어떻게 생각해? 신정은 선생님의 정체는 뭘까? 상상해서 써 봐.

~~~~~~

~~~~~~

~~~~~~

~~~~~~

~~~~~~

~~~~~~

~~~~~~

~~~~~~

~~~~~~

~~~~~~

~~~~~~

~~~~~~

네가 상상한 로봇이 언젠간 만들어지길 바라며. 그럼 이만.

로봇 상식

　로봇은 가지고 있는 능력으로 주어진 일을 자동으로 할 수 있는 기계 장치를 의미해요. 체코슬로바키아의 차페크라는 작가가 1920년 로봇이란 글에서 처음으로 '로봇' 용어를 사용했어요. 오늘날 로봇의 종류는 다양해요. 단순해도 좋으니 어느 정도 자기 스스로 움직일 수 있는 지능, 즉 자동화 프로그램이 있어야 하고 그 프로그램이 어떤 기계 장치를 움직일 수 있으면 로봇이라 부를 수 있도록 했어요.

*로봇의 용도

① 운동 경기용(오락용) 로봇

- 2018년 평창 올림픽 때 우리나라 산업통상자원부는 로봇들의 스키경기를 열어 세계적인 관심을 받았어요. 이동형 로봇인 드론을 이용한 레이싱 경기도 인기가 많죠.

② 재난 구조용 로봇

- 2015년 미국의 '세계 재난 로봇 경진대회'에서 원자력 발전소 사고 현장에 로봇이 사람 대신 복구 작업을 하는 기술을 겨룬 대회가 있었어요. 우리나라 카이스트 연구진이 1등을 했지만 현실에서 상용화되기에는 아직 기술이 많이 부족하다고 해요.

③ 작업용 로봇

- 아마존은 로봇 '키바'를 이용해 물류창고를 관리하고 있어요.

④ 안내용 로봇

- 인천공항의 안내 로봇 '에어스타'는 혼자 돌아다니면서 장애물을 피하는 자율주행 능력이 있고 4개 언어를 구사하며 터치스크린으로 공항 시설물에 대해 안내해 주고 있어요.

⑤ 청소용 로봇

- 삼성디스플레이는 천장 크레인 레일 청소용 '클리닝 로봇'을 개발하여 사람들이 청소하기 힘든 장소나 위험한 청소 작업에 이용하고 있어요.

⑥ 서비스 로봇

- 서울 롯데월드 어드벤처에서는 로봇 바리스타 '비트'가 사람들에게 음료를 팔고, 골프장에서는 '로봇 캐디'가 골퍼를 졸졸 따라다니며 코스 정보를 알려 줘요.

⑦ 군사용 로봇

- 2001년 미국이 아프가니스탄을 공격할 때 아이로봇사의 팩봇 (Packbot)을 실전에 투입해 정찰 및 사진 촬영 등의 임무에 사용했어요. 미국의 방위업체인 월섬이 개발한 폭발물 제거용 로봇 탤런 (Talon)도 있어요. 이 밖에 지뢰 제거 로봇 팬더(Pandther)와 무인 항공기 프리데이터(Predator) 등 많은 전투용 로봇이 있어요.

⑧ 의료용 로봇

- 수술용 인공 지능 로봇도 있고, 하반신 장애 환자가 걸을 수 있도록 돕는, 사람이 옷처럼 입을 수 있는 로봇 '엔젤렉스'가 있어요.

⑨ 택배 로봇

- 미국의 뉴로 R2는 일반 승용차의 절반 크기로 물품을 이동시키는데 40km 속도로 무게는 1톤 이하 운송이 가능해요. 실리콘밸리를 중심으로 캘리포니아 주에서 약국 체인 CVS가 제조약을 고객에게 전달하는 일을 하고 있어요.

⑩ 자율주행 로봇 택시

- 아마존은 자율주행 로봇 택시 Zoox를 공개했어요. 지금 상용화를 위해 테스트 중이라고 해요.

⑪ 작업용 로봇

- 중국 기업 지아안즈넝이 연마 작업용 로봇을 개발해 중국의 가전업체인 메이디 그룹에 납품했다고 해요. 현대 기아 자동차는 생산 라인에서 위를 보고 장시간 일하는 작업의 근로자를 보조하기 위해 옷처럼 입을 수 있는 로봇 '벡스'를 개발했다고 해요.

*로봇의 종류

① 웨어러블 로봇

- 영화 '아이언 맨'처럼 사람이 입는 로봇이에요. 인간의 근육에서 발생하는 미세한 전기인 '근전도'나 힘을 줄 때 근육이 딱딱해지

두 점을 이은 곧은 선을 선분이라고 해요.

점 ㄱ과 점 ㄴ을 이은 선분을 선분 ㄱㄴ 또는 선분 ㄴㄱ이라고 해요.

선생님의 문제에서는 점 ㄱ이 껌이고 점 ㄴ이 컵이에요. 그 사이를 팽팽하게 당겨 곧은 선으로 연결한 마 끈이 있으니, 승기의 답처럼 선분 껌 컵, 또는 선분 컵 껌이라 말할 수 있어요.

뒷이야기 만들기 활동에서 자신이 이야기에 적용한 수학 문제의 개념을 적어 봅시다.

<과학 교과 융합
/ 이야기 속 과학 개념>

6. 바다 살리기 프로젝트

는 근육 경도를 감지하는 방식으로 움직여요. 금속 로봇을 입고 있는 사람이 팔이나 다리를 움직일 때 로봇의 안쪽에 피부가 눌리면서 생기는 압력을 이용하여 움직이는 감압센서 방식도 있어요. 뇌파를 이용한 움직임도 연구 중이랍니다.

② 무선 조종 로봇

- 거대한 로봇을 무선으로 조종해요. 아직은 장난감 로봇 수준이지만 언제가 일본 만화영화에 나오는 철인28호를 실제로 만나 볼 수도 있겠죠.

③ 탑승용 로봇

- 사람이 탈 수 있는 로봇이에요. 국내 로봇 전문 업체인 '한국 미래 기술'에서 두 발 로봇 '메소드'를 개발했어요. 세계 최초 탑승용 로봇은 일본 토요타 자동차가 2005년에 공연용으로 선보인 '아이풋'이랍니다.

④ 자의식 금속 생명체 로봇

– 트랜스포머처럼 스스로 생각하는 로봇이에요. 금속 생명체라고도 할 수 있죠. 중국의 과학 연구원들이 금속 액체를 수소이온 용액이나 알칼리 용액에 넣었더니 스스로 움직이고 합쳐지는 모습을 보였다고 해요. 마치 생물의 세포와 같은 모습이죠. 화학물질에 반응해서 움직임이 있는 것처럼 보였지 생명 현상은 아니라는 평가를 받았다고 해요. 현재까지는 자의식을 가진 금속 생명체는 영화나 우리 상상 속에서만 존재해요.

⑤ 사이보그

– 인간 신체의 일부를 기계 장치로 교체해 강력한 능력을 얻은 경우를 말해요. 강화인간이라고도 불리죠. 현재 전자 의족이나 인공 심장 같은 의료 부문에서 연구가 진행되고 있어요.

⑥ 안드로이드

– 겉모습이 인간과 거의 구분이 가지 않을 정도로 흡사한 로봇을

의미해요. 겉모습이 여성인 안드로이드는 가이노이드라고 불러요.

⑦ 휴머노이드

- 사람처럼 두 발로 걷고 두 손으로 일하는 로봇을 의미해요. 안드로이드처럼 꼭 사람같이 보이지는 않아요. 최초의 휴머노이드는 일본 와세다대학교 가토 이치로 교수님 팀이 만든 와봇1과 와봇2가 있어요. 우리나라의 대표적 휴머노이드는 '휴보'로, 2004년 한국과학기술원 오준호 교수님 팀이 개발했어요.

⑧ 써로게이트(영화)

- 인간의 의식만 연결된 로봇인데 아직 영화로만 존재해요. 로봇을 충전용 장비에 넣고 전원을 끄면 주인은 의식을 되찾아요.

⑨ 엔도 스켈레톤 로봇

- 기계로 만든 뼈대에 사람의 세포로 만든 살과 피부를 이식해서 만든 로봇을 의미해요. 우리가 알고 있는 터미네이터인데 아직은 영

화나 우리의 상상 속에서만 볼 수 있어요.

*로봇의 안전행동 원칙

① 아이작 아시모프 3원칙

- 현재 공상 과학 소설의 거장인 미국의 아이작 아시모프가 최초로 로봇 행동과 판단의 3원칙을 제시했어요. 이후 3원칙은 소설이나 영화에서 자주 활용되죠.

1	로봇은 인간을 지켜야 하며, 해치려고 들어선 안 된다.
2	로봇은 인간의 명령을 들어야 한다.
3	로봇은 자기 스스로를 지켜야 한다.

② 국가기술표준원 로봇 안전행동 3대 원칙

- 우리나라 산업자원부 기술표준원에서는 인간과 로봇이 공존하

는 미래 사회의 안전성을 확보하기 위해 서비스 로봇이 갖춰야 할 안전 사항과 설계 및 안전 지침을 개발했어요. 로봇의 안전행동 3대 원칙을 KS 규격으로 제정하고 2006년 12월 1일부터 시행하고 있어요. 아이작 아시모프의 상상이 현실이 된 상황이죠. 실제로 우리나라에서는 다음의 3대 원칙을 지켜 로봇을 만들어야 한답니다.

1	인간 보호	로봇을 만들 때는 다른 시설물에 부딪히지 않도록 방지하는 기능과 속도 유지 기능, 그리고 예리한 날과 날카로운 돌출부 등 동작상 위험 요소를 제거해야 하며, 감전과 제어 시스템의 전기적 위험 요소와 전자기파 적합성 대책을 담아야 한다.
2	명령 복종	조작과 사용이 쉬워야 하고, 인간 공학적으로 설계해야 하며, 사용하는 사람이 편리하게 쓸 수 있도록 해야 한다.
3	자기 보호	충격을 받아도 쉽게 망가지지 않도록 튼튼하게 만들고, 허가받지 않은 사람이 로봇을 마음대로 쓰지 못하도록 보안 기능을 확보한다.

---

③ 2대 프로토콜

– 두 팔과 두 다리가 달린 휴머노이드 로봇이 등장하는 영화 '오토마타'에서는 독자적인 로봇 규칙이 등장해요. 이 규칙을 2대 프로토콜이라고 해요.

| 1 | 로봇은 생명체에 피해를 입혀서는 안 된다. |
| 2 | 로봇은 자신이나 다른 기계를 고치거나 개조할 수 없다. |

<상상력 키우기 3>

4. 오덕후 실종 사건

오덕후 실종 사건

덕후는 오늘도 외계인 이야기야. 하필이면 이름도 '오덕후'라는 초등학교 4학년 아이인데 그 아이의 뇌를 보자면 아마도 90% 이상이 외계인과 UFO 연관어로 가득 차 있을 거야.

"엄마, 우리 학하동으로 이사 가자. 응?"

"언제는 미국 로즈웰로 이사 가자며. 또 외계인 이야기면 밥이나 마저 먹어라."

덕후 엄마는 덕후를 째려보며 짜증 나시는 듯 말씀하셨어. 덕후 동생 덕수는 형의 외계인 이야기에 질리지도 않는 듯, 두 눈을 동그랗게 뜨고 형을 쳐다보며 물어봐.

"형아, 학하동에 외계인 있어?"

"어젯밤 내 조사에 의하면 1986년에 그곳에서 그레이 목격자가 있었대. 내일 그 동네에 가 보려구. 같이 갈래?"

덕후는 밥을 먹는 둥 마는 둥 밥알을 튀기며 대답했어.

"그만해, 외계인은 없어. 상술이라니깐. 로즈웰에서 관광 사업하려고 만든 가짜! 동생까지 끌어들일 생각 마라."

덕후 엄마는 아까보다 더 짜증 섞인 말로 숟가락을 덕후 앞에서 휘저어 보이시며 말씀하셨지.

"형아, 그레이면 형아 방에 붙어 있는 눈 큰 유령 사진 맞지? 난 안 가. 무서워."

덕후는 엄마 눈치를 보며 동생 질문에 고개를 끄덕였지.

'이쯤 어디라고 했는데. 에이, 1986년도 대전 지도를 구했어야 했는데. 오늘 날씨는 왜 이렇게 추운 거야. 오늘은 그냥 집에 가야겠다.'

눈보라가 따귀를 날려 덕후 귀랑 얼굴이 빨개. 덕후는 심한 길치라 자기가 타고 왔던 버스 정류장이 어디였는지 잘 모르겠어. 지나

가시던 아주머니에게 여쭤보고 겨우 버스를 탔지. 그런데 아무리 가도 자기 집은 안 나오고 가면 갈수록 허허벌판이네. 해가 짧아 7시밖에 안 되었는데 깜깜해져서 덜컥 겁이 났어.

"기사 아저씨, 저 용전동 언제 나와요?"

덕후는 창피해서 기사 아저씨께 낮은 목소리로 여쭤봤어.

"용전동? 버스를 반대편에서 탔구만. 조금만 기다려. 종점 찍고 용전동으로 다시 돌아가니깐."

'헉! 울 엄마한테 죽었다. 그냥 버스에 쭉 앉아 있으면 되니깐. 진정, 진정하자.' 덕후는 덜컹거리는 버스 밖으로 하나둘 얼굴을 내미는 별들을 보며 깊은 한숨을 쉬었어.

'끼익' 하고 버스가 멈췄어. 종점이야. 아무도 없어. 덕후랑 기사 아저씨만 빼고. 다들 중간에 버스에서 내렸거든.

"야, 꼬맹아. 화장실 좀 갔다가 커피 한잔하고 올 테니 여기 있든지, 밖에서 좀 쉬든지 알아서 해라. 멀리는 가지 말고. 바로 출발할 테니."

기사 아저씨가 덕후를 힐끗 보시더니 말씀하셨어.

"네, 알려주셔서 감사합니다."

덕후 답변이 끝나기도 전에 기사 아저씨는 앞쪽 문을 훨쩍 열어 두시고 버스에서 나가셨어. '날도 추운데 문까지 열어 두고 가실 게 뭐람.' 문밖을 보니 아까 전 내렸던 눈이 많이 쌓였네. 스트레칭도 할겸 잠깐 버스에서 내려 주변을 살폈어. 커다랗게 뜬 보름달이 새하얀 눈을 비춰 정말 예쁘게 반짝거리는 거 있지. 덕후는 아름다운 풍경을 넋이 나간 채 서서 보는데 저기 웬 장미꽃이 보이네.

'어, 한겨울에 장미꽃이라니, 뭔 일이람! 가까이서 봐야겠다.' 덕후는 장미꽃에 가까이 가 봤어. 하얀 눈밭에 빨간 장미꽃 한 송이, 정말 장미꽃이 맞는 거야. 덕후는 너무 신기하고 예뻐서 자기도 모르게 장미꽃을 확 꺾었어. 엄마가 장미꽃을 좋아하셔서 가지고 가면 덜 혼날까 싶었지. 그런데 갑자기 강한 불빛이 번쩍 하는 거야. 어찌나 강한지 눈을 꼬옥 감았지.

눈을 뜨자 하얀 방이야. 전등도 없는데, 아주 밝고 하얗다니깐. 덕후는 심장이 쿵쾅쿵쾅 뛰었어. 왜냐구? 그레이가 눈앞에 있었거든.

"저 UFO 탄 거예요? 그레이 맞죠? 어느 별에서 오셨나요? 로즈웰 사건은 진짜죠? 지구는 언제부터 방문하셨나요? 와! 믿을 수 없어."

쉬지 않고 질문을 이어가던 덕후는 믿기지 않는다는 듯 자기 뺨을 막 쳤어.

"난 너희가 말하는 그레이 맞아. 하지만 넌 타임머신 안에 있고 난 다른 별에서 오지는 않았지. 난 미래의 지구에서 왔어."

그레이는 입을 움직이지도 않고 덕후를 쳐다보기만 했는데 그의 생각이 덕후 귀에 들렸어. 덕후는 미간을 찌푸리며 되물었지.

"외계인이 아니라구요? 미래 지구인이요? 설마, 그렇다면 미래에서 외계인을 본 적은 있나요?"

"아니."

그레이는 단호하게 대답했어. 덕후는 이제까지 자기가 굳건히 믿어 왔던 외계인이 없다는 사실을 믿을 수 없었어. 다그치듯 다시 물었지.

"아니, 우주 저 넓은 곳에 지구인만 있다는 것이 수학적 확률로 말이 되냐구요!"

"외계인이 지구에 왜 오니? 네 말대로 확률적으로 어딘가에 있겠지. 하지만 우주 끝자락에 있는 지구는 그들 관심 밖이야. 너랑 외계인 이야기로 시간을 낭비할 순 없어. 결론부터 말하자면 난 지구의 과거로 돌아가 창의적인 어린이 5명을 찾는 미션을 수행 중이야. 테스트를 통과하면 타임머신 타고 미래로 가 볼 수 있는 기회를 줄게."

덕후는 그레이를 빤히 쳐다보며 물었어.

"왜 하고 많은 아이들 중 저에게 기회를 주시는 거죠?"

"너를 꽤 오랫동안 지켜봤는데 호기심 강하고 남들이 믿건 말건 신념을 가지고 연구하는 모습이 놀라웠어."

덕후는 곰곰이 한참 생각하더니 물었어.

"미래엔 다른 행성도 가 볼 수 있나요? 제가 지구로 다시 돌아오면 우리 가족을 다시 볼 수는 있나요?"

그레이는 긴 손가락 하나를 덕후 이마에 '툭' 쳤어. 짧은 순간 수많은 행성의 모습이 덕후 머리 안을 헤집고 돌아다녀. 그레이는 손

가락을 떼더니,

"네가 원한다면 이 모든 행성을 다 가 볼 수 있어. 지구에 돌아왔을 땐 네가 있는 그곳, 그 시간일 거야. 어때? 테스트 볼 거야?"

"네! 봐야죠!"

덕후는 미래에서 다른 행성을 다니며 외계인 연구를 해 볼 수 있겠다는 생각에 신나게 대답했어. 그레이는 문장들이 빼곡히 적힌 종이 한 장을 꺼내며 말했지.

"미래 지구인인 내가 왜 너랑 다른 모습을 갖게 되었는지, 내가 온 미래의 지구에서 생긴 일을 상상해서 적어 봐. 대신 그 종이에 있는 문장들 중 3개는 넣어 써야 해."

'어, 이거 신정은 선생님의 창의적인 글쓰기 수업 방식이잖아.' 덕후는 많이 연습해 봤던 글쓰기라 자신 있게 적어 내려갔어.

넌 어떻게 생각해? 미래 지구인은 왜 그레이 같은 모습을 갖게 되었을까? 미래의 지구에는 무슨 일이 생긴 걸까? 상상해서 적어 봐.

그레이의 쪽지를 보여 줄게. 덕후처럼 3문장 골라 넣어 써 보자.

*그레이가 보여 준 쪽지

1. 와! 정말 덥다.
2. 나한테 네 마음속 생각들을 다 말해 봐.
3. 주변을 두리번거렸다.
4. 그래, 너 잘났다.
5. 먹을 건 하나도 없었어요.
6. 기억을 떠올리며 진한 그리움을 담아 그림을 그렸다.
7. 이 시국에?
8. 눈물을 뚝뚝 흘렸어요.
9. 홀리몰리과카몰리
10. 그건 싫어요.
11. 그리로 나가면 돼.
12. 숨을 쉴 수가 없어서 말이야.
13. 누구든 상관없죠.
14. 신에게 제사를 지내는 건가요?
15. 눈을 감은 채로 더 있어 볼까?
16. 먹을 것이 하나도 남아 있지 않았어요.
17. 봄철에 관찰할 수 있는 별자리로는 사자자리가 있어요.
18. 내가 먼지 같다는 생각이 들어.
19. 풀밭에 사는 개미가 사람을 보면 어떨까?
20. 오랜만에 와 보네.
21. 검푸른 하늘 위에서 수많은 별들이 깜빡거려요.
22. 이제 보기만 해도 저절로 외워져 버려요.
23. 여기 누워 보세요.
24. 알레르기가 심해서 생선과 닭고기를 못 먹어요.

25. 무도회에 온 신사가 인사를 하는 것 같아요.
26. 11시쯤 되어서야 기지개를 켜며 잠에서 일어났어요.
27. 하나, 둘, 셋!
28. 아이구! 허리야.
29. 기가 막히네요.

✳여기서 잠깐

글을 쓰기 전 57쪽 '배경'을 복습해 봅시다.

덕후가 그레이의 테스트에 통과했다면 어떤 이야기가 펼쳐질까? 만약 테스트를 통과하지 못했다면? 이 두 가지 상황 중 하나를 골라 뒷이야기를 적어 봐. 이야기의 제목이 '오덕후 실종 사건'이야. 제목과 어울리는 이야기를 써 보길 바라.

＊여기서 잠깐

글을 쓰기 전 120쪽 '플롯'을 복습해 봅시다.

~~~~~~

~~~~~~

~~~~~~

~~~~~~

~~~~~~

~~~~~~

5. 공포의 수학 시간

공포의 수학 시간

한순간도 긴장을 늦추면 안 되는 공포의 수학 시간이란다. 전학 온지 일주일이 다 되어 가지만 아직도 이 반 분위기가 낯설다. 수학 시간을 앞둔 쉬는 시간에 친구들은 놀이기구를 탈 때 기다리는 아이들 모습이다. 바이킹 타며 소리 지르는 사람들을 공포의 눈으로 바라보면서도 순서를 손꼽아 기다리는 아이들 모습 말이다. 수학 시간 5분 전, 친구들은 자기 자리에 앉아 열심히 수학책을 들여다본다.

"승기야, 뭐 해! 얼른 오늘 배울 내용을 좀 봐 둬. 아무리 전학생이라지만 왜 이렇게 눈치가 없니?"

짝 다솜이가 내 팔을 툭 치더니 한심한 듯 쳐다보며 말한다. 이내 선생님께서 칠판 앞에 서시더니 다짜고짜 수학 게임을 하신다.

"0부터 10까지 숫자 중에 아무거나 하나 고르세요. 고른 숫자에 3을 더하세요. 다시 4를 더하세요. 2를 빼세요. 7를 더하세요. 거기에 처음 고른 숫자를 빼세요. 자, 정답은?"

친구들은 두 눈을 반짝거리며 조용히 선생님을 바라본다.

선생님은 교실을 한 번 쭉 훑으시더니,

"정답은 12입니다."

"우아!"

선생님 답변에 눈을 동그랗게 뜨고 입을 벌리며 놀라워하는 친구들이 한심하다. 저렇게 간단한 문제에 환호성까지…. 속는 친구들을 보시고 마치 마법사나 되신 듯 뽐내시는 선생님의 모습도 꼴불견이다.

"승기야, 우리 승기는 이런 문제는 처음이지? 선생님이 답을 맞히는 것이 신기하지 않아?"

선생님은 내 속마음을 읽으신 듯 나에게 물으셨다.

"아니요. 아니, 처음에 생각한 숫자를 나중에 다시 빼니 가운데만 계산하신 거잖아요. 뭐가 신기하죠?"

내 답변에 선생님께서는 당황하신 듯 얼굴을 붉히시며 웅성거리는 친구들을 바라보셨다.

"자 조용! 우리 승기가 수학을 정말 잘해서… 승기만을 위한 수학 문제 하나 내 볼까?"

아이들은 모두 걱정 어린 눈으로 나를 쳐다봤다. 선생님께서는 책상 서랍에서 마 끈과 껌을 꺼내시더니 껌을 입에 넣고 질겅질겅 씹으셨다. 친구들은 선생님의 그런 모습이 아무렇지도 않다는 듯 조용히 우리를 지켜봤다. 선생님은 마 끈 한쪽에 씹으시던 껌을 꽉 붙이시고, 다른 쪽을 교실 끝으로 쭉 가져가셨다. 마 끈을 팽팽하게 당기시더니 끝에 컵을 올려두신다.

"승기야, 마 끈과 컵과 껌, 이 셋을 보며 생각나는 수학 용어가 있을까?"

선생님의 새로운 수업 방법에 적응할 만도 한데, 솔직히 날마다 신기하고 새롭다. 정말 엉뚱하신 분이다. 팽팽한 줄이 만든 선과 그 위에 둔 껌과 컵을 두고 한참을 생각했다. 몇 분이 흘렀을까? 하루가 흐른 느낌이다. 친구들과 선생님이 빤히 날 뚫어져라 보시는데,

순간 3학년 때 배운 선분이 머릿속을 확 스치고 지나갔다.

"선분 껌 컵이요. 선분 컵 껌이라고 부를 수도 있지요."

"우와 대단하네! 우리 승기 정답이다. 모두 박수."

선생님의 칭찬에 우리 반 친구들이 물개박수를 쳤다. 신났다.

그날 이후 난 매일 수학 시간이 기다려진다. 지난 겨울 방학 때 학원에서 중학교 3학년까지 수학을 끝내 둔 터라 전학 오기 전 학교에서 수학 시간은 지루하기 짝이 없었다. 이렇게 재미있는 수학 시간인데 반 친구들은 공포의 시간이라고 한다. 특히 뒷자리에 앉은 영규가 그렇다. 수학 시간만 되면 덜덜 떨며 한숨을 푹푹 쉬는데, 어찌나 다리를 떠는지 내 자리가 흔들거린다. '선생님의 이상한 퀴즈에 창피를 당한 적 있나?' 영규랑 같은 아파트에 사는 터라 하굣길에 같이 가곤 한다. 오늘은 꼭 내 궁금증을 풀어야겠다.

"영규야, 넌 왜 그렇게 수학 시간에 다리를 덜덜 떨어? 아주 내 책상까지 떨린다구."

"승기야, 저기, 우리 선생님 좀 이상하지 않아?"

"뭐 수업 방식이 좀 색다르긴 하지. 왜?"

영규는 주변을 살피더니 속삭이듯 말했다.

"내가 원래 수학을 엄청 싫어해. 뭔 말인지도 모르겠고, 맨날 잤거든. 3월엔가 그날도 수학 시간에 꾸벅꾸벅 졸았지. 점심시간이 된 것 같아 눈을 뜨려고 하는데 몸이 말을 듣지 않는 거야. 선생님이 꿈에 나오시더니 수학 문제를 내셨어. 맞추지 못하면 영원히 깨어나지 못할 거라 말씀하셨지. 난 개꿈이라 생각하고 아무 숫자나 말했는데 글쎄 정말이었어. 며칠 동안 그 자리에 앉아 친구들 수업하는 소리만 들어야 했어. 친구들 눈에는 내가 안 보이는 것 같았어. 완전 투명 인간 취급을 당했다니깐. 아무리 소리를 질러도 쳐다보지도 않는 것 있지. 자리에서 일어나려 해도 엉덩이가 의자에 딱 붙은 것 같았어. 친구들이 집에 가고 나서도 말이야. 휴, 밤에도 나 혼자 껌껌한 교실에 앉아 있었다니깐."

영규는 쉬지 않고 떨리는 목소리로 말을 이어 갔다.

"난 꿈이 아니라고 확신했어. 엄청 목마르고 배고프고 추웠거든. 수학 시간만 되면 선생님의 문제를 맞히기 위해 열심히 집중해서 들었어. 선생님께서 내신 문제를 풀 수 있겠더라. 난 큰소리로 답을 말했지. 그런데 갑자기 친구들이 나를 쳐다보는 거야. 정답을 말해서 내 몸도 움직이고 친구들도 나를 볼 수 있게 된 거지. 그런데 신기했던 것이 뭔 줄 알아?"

나는 영규 말이 너무 재미있어서 집에 도착한 줄도 몰랐다. 더 듣고 싶어서 영규네 집 바로 앞까지 바래다준다면서 계속 이야기해 달라고 했다.

"글쎄, 내가 깨어난 시간이 그때 졸았던 그 날짜, 그 시간인 거야. 내가 아무리 말해도 친구들은 믿질 않았어. 그 일이 있기 전까지."

설마, 영규가 꿈꾼 거겠지 생각했다. 그러다 영규를 슬쩍 보니 이마에 구슬땀이 흐르고 입술이 순간 파래지는 것이 참말 같아 다시 물었다.

"무슨 일이었는데?"

"다솜이랑 슬기한테 물어봐. 그 친구들이 겪은 일이야. 나 지금 집에 들렀다가 바로 수학 학원 가야 해."

부록

세상에서
하나뿐인
나만의
책 만들기

◊ **앞표지**

책 제목, 그림, 지은이, 그린이, 출판사 이름을 적어 줘요.

◊ **뒷표지**

간단한 설명글, 가격, 바코드가 있어요.

◊ **책등**

책 제목, 지은이, 그린이, 출판사를 적어 줘요.

*내 책의 제목은?

~~~~~~

~~~~~~

~~~~~~

그날 밤 나는 영규 말이 마음속에 맴돌아 잠이 오지 않았다. '다솜이와 슬기한테 무슨 일이 있었던 걸까? 우리 반 친구들은 선생님을 엄청 좋아하던데, 다솜이랑 슬기도. 분명 나쁜 일은 아닐 거야. 다솜이는 수학 시간에 떨지도 않아. 항상 자신감 넘치게 발표해. 가만, 생각해 보니 중간고사 때 우리 반 친구들이 모두 수학 100점 받은 것이 좀 이상하긴 했어. 그런 경우를 한번도 본 적이 없거든.'

내일 다솜이와 슬기한테 물어봐야겠다. 베개에 누웠다 하면 갔지만, 오늘 밤은 잠이 오지 않아 양을 세어야 했다. 한 마리, 두 마리….

다음 날 승기는 다솜이와 슬기에게 어떤 이야기를 듣게 될까? 다솜이와 슬기도 수학 문제와 관련된 일을 겪었을까? 뒷이야기를 상상해서 적어 봐.

*여기서 잠깐

글을 쓰기 전 120쪽 '플롯'을 복습해 봅시다.

  선생님께서 승기에게 내셨던 수학 문제 말이야. 마 끈, 컵, 껌으로 낸 수학 문제의

답은 평생 잊지 못할 것 같아. 너도 한번 만들어 봐. 한번 들으면 절대 잊지 못할 것

같은 수학 문제를 이야기로 만들어 보자.

~~~~~~

~~~~~~

~~~~~~

~~~~~~

~~~~~~

~~~~~~

~~~~~~

~~~~~~

~~~~~~

이야기 속 수학 개념

'공포의 수학 시간'에 등장한 수학 개념 '선분'에 대해 알아봐요. 선분은 초등학교 3학년 1학기 2단원 평면도형(수학책 34~35쪽)에 나오는 수학 개념이랍니다.

<u>점 ㄱ과 점 ㄴ을 잇는 곧은 선을 그어 봅시다. 자를 사용하면 곧은 선을 그을 수 있어요.</u>

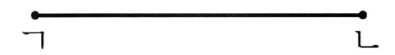

두 점을 이은 곧은 선을 선분이라고 해요.

점 ㄱ과 점 ㄴ을 이은 선분을 선분 ㄱㄴ 또는 선분 ㄴㄱ이라고 해요.

선생님의 문제에서는 점 ㄱ이 껌이고 점 ㄴ이 컵이에요. 그 사이를 팽팽하게 당겨 곧은 선으로 연결한 마 끈이 있으니, 승기의 답처럼 선분 껌 컵, 또는 선분 컵 껌이라 말할 수 있어요.

뒷이야기 만들기 활동에서 자신이 이야기에 적용한 수학 문제의 개념을 적어 봅시다.

<과학 교과 융합
/ 이야기 속 과학 개념>

6. 바다 살리기 프로젝트

바다 살리기 프로젝트

이곳은 출렁대는 바다가 보이는 한 섬마을이야. 정수는 이 섬마을 어린이들 사이에서 보스라고 불려. 초등학교 6학년인데 이 마을 어떤 어른보다도 키가 크고 힘이 세.

정수는 친구들을 쭉 훑어보더니 큰 소리로 말했어.

"야, 오늘 2시 앞바다로 모여 축구 하자. 어이 꺼벙이, 넌 축구공 가져오고, 모두 과자 두 봉씩 들고 오도록."

"네!"

아이들은 정수 말에 꾸벅 90도 인사를 하며 대답했어. 2시가 되자 하나둘 앞바다에 모여 신나게 축구를 했지. 정수가 공을 뻥 찼는데 어찌나 힘이 센지 멀리 날아가 바다로 풍덩 들어가 버린 거야.

"어어어, 보스! 내 공 어째! 바닷물에 떠내려가는데!"

"어이 꺼벙이, 그냥 냅둬. 또 사면 되잖아. 너네 집 돈도 많으면서 뭐가 걱정이야?"

"그래도, 산 지 얼마 안 됐는데…."

꺼벙이는 정수의 눈치를 보며 말을 흐렸어.

"야, 다들 배고프지 않냐? 우리 과자 먹자."

정수는 공이 떠내려가든 말든 관심 없다는 듯 과자 봉지를 꺼내며 말해. 다들 가방 속에 있는 과자를 꺼내 소나무 그늘 아래에 둘러 앉아 맛있게 먹었지. 정수는 훌쩍거리며 과자를 물고 있는 꺼벙이가 마음에 걸렸어.

"꺼벙아, 미안해. 내가 용돈 모아서 축구공 새로 사 줄게."

"역시 우리 보스는 최고라니깐!"

정수의 말에 친구들이 정수를 치켜세웠지. 꺼벙이도 기분이 좀 풀린 것 같아.

"보스, 우리 아빠 오실 시간인데 집에 가도 될까?"

"보스, 나도 가 봐야 할 것 같아."

"좋아. 그럼 모두 이 자리에서 해산!"

아이들은 뭐든 보스에게 물어보고 해. 그런 모습이 좀 바보 같이 보인다니깐.

"보스, 이 과자 봉지 어디에 버릴까?"

꺼벙이는 빈 봉지를 탈탈 털며 물었어.

"가방에 넣어 가면 될 것 같은데."

옆에 있던 깜식이가 빈 과자 봉지를 꾹꾹 뭉치며 가방 안에 넣더니 말했어. 깜식이는 얼굴이 까맣다고 해서 붙은 별명인데 자기 집 강아지 이름하고 같아서 싫어. 하지만 친구들이 지어 준 이름이니 어쩔 수 없지.

"어이 깜식 씨, 과자 부스러기 때문에 가방이 더러워지잖아. 엄마가 너 가방 빨려면 얼마나 힘드시겠냐. 자 주목! 봉지를 여기 두고 이렇게 모래로 덮어 버려."

정수가 시범을 보이며 말해. 아이들은 정수가 하는 대로 빈 과자 봉지를 모래로 덮어 버렸지. 깜식이도 슬쩍 가방에서 아까 넣은 봉지를 꺼내 정수가 하는 대로 했어. 바닷바람이 휙 불자 모래에서 빠져나온 과자 봉투가 훨훨 날아가더니 넘실대는 바닷물에 동동 떠다니네.

정수 아버지는 작은 배를 가진 어부셔. 정수는 해 질 녘이 되면 바닷가에 정착한 아빠 배에 올라 그물 정리를 도와드리곤 해.

"아빠, 오늘은 물고기 많이 잡으셨어요?"

"요즘은 도통 물고기가 안 잡히네. 아주 쓰레기만 올라온다니깐."

아빠는 한숨을 푹 쉬시며 말씀하셨어. 정수는 아빠의 근심 가득한 얼굴을 쳐다보더니 장난기 어린 표정을 지으며 말했어.

"아빠, 바다에 막걸리를 막 부으면 물고기들이 술에 취해 비실비실 올라올 것 같은데요."

정수는 다리를 비틀거리며, 혀를 쭉 빼고 눈을 데굴데굴 굴리는데 진짜 술 취한 물고기 같았다니깐. 아빠는 그런 정수를 보고 웃으시더니 말씀하셨어.

"에끼, 요 녀석. 배보다 배꼽이 크겠다. 요즘 막걸리가 얼마나 비싼데. 그나저나 오늘은 이상한 것이 그물에 걸려 올라왔는데, 장난감

같기노 해서 우리 정수 주려고 가져왔다. 한번 보렴."

아빠는 윗도리 주머니에서 동글납작한 모양으로 생겨서 무지갯빛이 감도는 왕 조개를 꺼내셨어. 정말 크고 예뻐.

"아빠, 저 장난감 가지고 놀 나이는 지났는데요. 헤헤. 하지만 주세요. 너무 예뻐서 책상 앞에 걸어 두고 볼게요."

그날 저녁 정수는 아빠께 받은 왕 조개를 열어 보려고 안간힘을 썼어. 드라이버, 망치, 숟가락 등 정말 손에 잡히는 것은 아무거나 쥐고 입을 까려 해도 안 열리는 거야. 포기하고 잤어. 잠결에 무슨 소리가 들려 깼지. 글쎄, 왕 조개가 열려 있는 거야. 가까이 다가가니 왕 조개에서 어떤 영상이 쫙 올라왔어.

이상한 옷을 입은 한 여자아이가 보이는데 손으로 아무리 잡으려 해도 안 잡히는 거 있지. 영상 속에 있는 여자아이는 정수를 쳐다보며 또박또박 말을 하는 거야. 들어 봐.

안녕하세요. 저는 2050년 대한민국 인천에 사는 마리나입니다. 2050년 사람들은 바닷속에 집을 짓고 삽니다. 미세먼지가 너무 심해 이제 땅 위에서는 숨도 쉬기 힘들고 앞도 잘 안 보여 살 수가 없기 때문입니다. 여기 바닷속 집에도 문제가 있습니다. 커튼을 올리면 쓰레기더미가 보입니다. 끔찍한 것은 쓰레기 더미 속에서 빨대에 눈이 찔린 거북이며, 튜브에 몸통이 껴서 기형적으로 자란 큰 물고기입니다. 지금 보시는 장면은 찢어진 축구공에 머리가 박힌 아기상어의 모습입니다. 저는 창밖으로 그런 장면을 볼 때면 밤에 꼭 악몽을 꿉니다. 엄청난 쓰레기 때문에 바닷속에도 산소가 부족해지기 시작했습니다.

지금껏 바다 쓰레기 처리를 위한 노력이 없었던 것은 아닙니다. 바다 쓰레기통 씨빈은 30년 전에 나온 바다 청소부인데 쓰레기통 본체 속 펌프가 물을 쑥 빨아들여 쓰레기를 걸러냅니다. 하루에 모을 수 있는 쓰레기가 고작 많아야 20kg입니다. 제가 태어나기 전에는 각 나라에서 씨빈을 해안가마다 설치했다고 하는데, 운영비도 많이 들고 바닷속 쓰레기는 처리할 수 없어 지금은 더 이상 쓰지 않고 있습니다.

16살 소년이 발명한 U자형 수거 장치도 있었습니다. 이 장치는

600m 길이의 튜브를 바다 위에 띄워 쓰레기가 안으로 모이게 한 후 청소용 선박이 제거하는 원리입니다. 해류에 의해 쓰레기가 모이는 곳에 설치해 두면 됩니다. 장치 아래 3m 깊이까지만 막이 있어 해양 생물들에게 피해 없이 쓰레기만 모을 수 있습니다. 하지만 이 장치도 깊은 바닷속 쓰레기를 치워 주지는 못합니다. 망타라는 쓰레기 청소선도 있었습니다. 진공청소기처럼 쓰레기를 빨아들인 후 쓰레기를 분류하고, 에너지로 변환시켜 선박 연료로 씁니다. 1시간에 쓰레기를 3톤까지 처리할 수 있었고 재활용이 어려운 폐기물을 육지로 보냈습니다. 문제는 육지로 온 압축된 쓰레기들이 산처럼 쌓이면서 시작되었습니다. 바다 위에 떠다니는 수많은 망타선들이 서로 엉키면서 폭발하기도 했습니다. 바다의 쓰레기를 어떻게 처리하면 좋을까요? 바다 살리기 프로젝트에 참여해 주시기 바랍니다.

　이 말을 끝으로 오염된 바다의 영상이 빠르게 지나가더니 왕 조개 껍질이 피익 하고 닫히는 거야. 정수는 한동안 자신이 본 장면이 꿈인지 생시인지 믿기질 않았지. 시계를 보니 새벽 2시. '에이 꿈이겠지.' 대수롭지 않게 그냥 잠을 자는데 꿈에서 자꾸 축구공에 머리가 박힌 영상 속 아기상어가 보여.

다음 날, 정수는 어젯밤 꿈인지 생시인지는 모르겠지만 영상에서 들은 말과 화면이 자꾸 생각났어. 아기상어 머리가 박힌 축구공도 저번에 바다에 차 버린 그 축구공 같아. 정수는 찝찝한 마음에 휴대폰으로 어제 들었던 망타를 찾아봤지. '어라, 진짜 있네. 그럼 씨빈은?' 유튜브를 보니 씨빈 영상이 떡 하니 있지 뭐야. 분명히 어제 봤던 씨빈이 맞아. 정수는 자기가 들었던 것이 모두 사실인 것을 확인하고 마음이 복잡해졌어.

"보스, 뭐 해? 축구하지 않고. 보스가 쉬니깐 재미없잖아."

깜식이가 소나무 아래에서 휴대폰을 만지작거리며 보는 정수에게 물었어.

"우리 친구들이랑 바다 살리기 프로젝트에 참여해 보지 않을래? 모이라 그래."

"엥, 보스답지 않게 무슨 뚱딴지 같은 말이야. 바다 살리기 프로젝트라니? 야, 얘들아, 보스님이 할 말 있으시단다."

깜식이는 바닷가에서 축구하는 친구에게 손짓하면서 소리쳤어. 정수는 바닷가에서 해가 뉘엿뉘엿 넘어갈 때까지 친구들 앞에서 연설을 했어. 바다에 쓰레기가 넘쳐난다는 둥, 앞으로 미래에는 바다가 어떻게 될지도 모른다는 둥, 지금까지 쓰레기를 버린 자신을 반성한다는 둥 하고 말이야. 물론 왕 조개 사건은 쏙 빼고 말했어. 정수는 그게 믿기 힘든 일이란 걸 안 거지. 친구들은 엊그제까지 쓰레기를 바다에 아무렇지도 않게 버린 보스의 말과 행동을 이해하기 힘들었어. 하지만 평소 불의를 보면 못 참는 보스가 분명 무슨 해양 다큐멘터리를 봤을거라 생각했지. 모두들 고개를 끄덕이며 집중해서 보스의 말을 경청했어. 다음 모임까지 자기가 알고 있는 과학 지식을 총동원해서 바다 쓰레기 처리에 관한 아이디어를 생각해 오기로 했어.

어쩌면 왕 조개가 보여 준 2030년 미래의 모습이 현실이 될지도 몰라. 바다 살리기 프로젝트를 위해 아이디어를 생각해서 적어 봐.

＊여기서 잠깐

글을 쓰기 전 220쪽 '이야기 속 과학 개념'을 읽어 봅시다.

미래의 모습을 보여 준 왕 조개의 정체는 뭘까?

왕 조개는 어떻게 정수 아버지 그물에 걸리게 되었을까?

정수의 바다 살리기 프로젝트는 성공할까?

2050년 대한민국 인천에 살고 있는 마리나는 누굴까?

30년 뒤 정수는 마리나를 만나 볼 수 있을까?

상상해서 뒷이야기를 적어 봐.

＊여기서 잠깐

글을 쓰기 전 57쪽 '배경'과 120쪽 '플롯'을 복습해 봅시다.

~~~~~~

~~~~~~

~~~~~~

~~~~~~

~~~~~~

이야기 속 과학 개념

과거의 소설이나 영화에 등장한 물건들이 오늘날 실제 만들어지는 경우가 있답니다. 영화 '백 투 더 퓨처'에서 등장한 가상 현실 안경은 오늘날 삼성 기어 VR과 비슷해요. 쥘 베른(1828~1905)이 1865년에 쓴 소설 『지구에서 달까지』를 보면 사람들이 미니버스만 한 포탄 모양의 무언가를 만들어요. 6명이 여행복을 입고 포탄 안으로 들어가 달 여행을 하고 돌아온다는 내용이에요. 실제로 1969년 7월 16일 미국 플로리다의 케네디 우주센터에서 로켓이 발사되어 3명이 인류 최초로 달에 착륙했다가 돌아왔죠. 이야기가 현실이 된 사건이에요.

이야기를 쓸 때 정확한 정보와 사실적 이론에 맞게 쓴다면 읽는 이가 좀 더 실감 나게 글을 읽을 수 있어 재미가 더해져요. 이런 의미에서 공상과학 소설이나 영화를 만든다면 상상력에만 의존하기보다는 어느 정도 과학적 지식을 갖추고 써야 해요.

'바다 살리기 프로젝트'를 위해서 바다 쓰레기 처리 시설이나 장치를 만들어야 해요. 이를 해결하기 위해 적용해 볼 수 있는 과학 지식을 초등학교 교과서에서 찾아 정리해 보았어요.

바다 쓰레기 처리장 구상에 필요한 초등학교 과학 상식을 살펴볼까요?

*과학 3학년 2학기 4단원: 물질의 상태

① 고체란

- 담는 그릇이 바뀌어도 모양과 부피가 일정한 물질의 상태를 의미해요. 예를 들면 의자, 책상, 필통, 신발, 얼음 등이 있어요.

② <u>물과 주스의 성질</u>

- 흐른다.

- 눈에 보인다.

- 담는 그릇에 따라 모양이 변한다.

- 담는 그릇이 달라져도 부피는 변하지 않는다.

③ <u>액체란</u>

- 담는 그릇에 따라 모양은 변하지만 부피는 변하지 않는 물질의 상태를 의
  미해요. 예를 들면 물, 사이다, 주스, 우유, 간장, 세제, 기름 등이 있어요.

④ <u>우리 주변에 있는 공기 확인하기</u>

- 부푼 풍선을 얼굴에 가까이 대고 입구를 쥐었던 손을 놓으면 머리카락이
  바람에 날려요.

- 물이 담긴 수조 속에 플라스틱 병을 넣고 손으로 누르면 공기 방울이 위로
  올라와요.

- 주사기의 피스톤을 당긴 뒤 물속에 넣고 피스톤을 밀면 공기 방울이 위로
  올라와요.

⑤ 공기의 성질

- 공기는 공간을 차지하고 다른 곳으로 이동이 가능해요.

⑥ 기체란

- 공기처럼 담는 그릇에 따라 모양과 부피가 변하고, 담긴 그릇을 항상 가득 채우는 물질의 상태를 의미해요. 예를 들면 산소와 이산화탄소가 있어요.

⑦ 공기(기체)의 성질

- 공기(기체)는 무게가 있어요.

⑧ 공기에 무게가 있는지 확인하는 방법

- 페트병 입구에 공기 주입 마개를 끼운 뒤 공기 주입 마개를 누르면 무게가 늘어나요.
- 고무보트에 공기를 넣으면 고무보트의 무게가 늘어나요.

과학 4학년 1학기 5단원: 혼합물의 분리

① 혼합물이란

– 두 가지 이상의 물질이 성질이 변하지 않은 채 서로 섞여 있는 것을 의미해요.

② 생활 속 혼합물의 예

– 김밥: 김, 밥, 단무지, 달걀, 당근, 시금치 등

– 팥빙수: 과일, 팥, 얼음 등

– 재활용품이 섞여 있는 쓰레기

③ 혼합물을 분리하면 좋은 점

– 원하는 물질을 얻을 수 있고, 이를 우리 생활의 필요한 곳에 이용할 수 있어요.

④ 생활 속에서 혼합물을 분리하는 예

– 사탕수수에서 설탕을 분리하여 사탕을 만들어요.

– 구리 광석에서 분리한 구리를 다른 금속과 섞어 그릇을 만들어요.

– 광석에서 금을 분리하여 반지, 팔찌 등을 만들어요.

⑤ 콩, 팥, 좁쌀의 혼합물 분리하기

- 이용하는 성질: 알갱이의 크기 차이(콩 > 팥 > 좁쌀)
- 필요한 도구: 눈의 크기가 다른 두 개의 체
  - 눈의 크기가 큰 체: 콩보다 작고 팥보다 큰 것
  - 눈의 크기가 작은 체: 팥보다 작고 좁쌀보다 큰 것

⑥ 알갱이의 크기가 다른 고체 혼합물 분리하기

- 체를 사용하면 쉽게 분리할 수 있어요.

⑦ 생활 속에서 알갱이의 크기 차이를 이용하여 혼합물을 분리하는 예

- 체가 부착된 해변 쓰레기 수거 장비로 해변에서 모래에 섞인 쓰레기를 수 거해요.
- 공사장에서 모래와 자갈을 분리할 때 체를 사용하여 분리해요.
- 섬진강 하구에서 체를 사용하여 재첩을 잡아요.
- 체가 부착된 장치를 사용하여 토마토를 크기별로 분리해요.

⑧ 플라스틱 구슬과 철 구슬의 혼합물 분리하기

　　– 이용하는 성질: 철이 자석에 붙는 성질

　　– 사용하는 도구: 자석

⑨ 철로 된 물질이 섞여 있는 혼합물을 분리하는 방법

　　– 자석을 사용하면 쉽게 분리할 수 있어요.

⑩ 생활 속에서 자석을 사용하여 혼합물을 분리하는 예

　　– 자석을 사용한 자동 분리기로 철 캔과 알루미늄 캔을 분리해요.

　　– 흙 속에 섞여 있는 철 가루를 분리해요.

　　– 폐건전지를 가루로 만든 뒤 자석을 사용하여 철을 분리해요.

⑪ 소금과 모래의 혼합물을 분리하는 방법

　　– 소금과 모래의 혼합물에서 물에 녹는 성질이 있는 소금과 물에 녹지 않는
　　　성질이 있는 모래를 거름 장치로 분리해요.

　　– 거름 장치로 거른 소금물을 증발 접시에 붓고 가열하면 소금을 얻을 수 있
　　　어요.

⑫ 생활 속에서 거름과 증발을 이용하여 혼합물을 분리하는 예

- 메주를 소금물에 섞은 혼합물을 천으로 걸러 천에 남은 건더기는 된장을 만들고, 천을 빠져나간 액체는 끓여서 간장을 만들어요.
- 찻잎을 따뜻한 물에 넣으면 물에 우러나는 성분이 있는데 이것을 망으로 거르면 물에 녹는 찻잎의 성분을 차로 마실 수 있어요.
- 녹즙기 내부의 거름망은 찌꺼기와 녹즙을 분리해 줘요.
- 햇빛과 바람 등으로 바닷물을 증발시켜 소금을 얻어요.

과학 5학년 2학기 2단원: 생물과 환경

① 생태계 평형

- 어떤 지역에 살고 있는 생물의 종류와 수 또는 양이 균형을 이루며 안정된 상태를 유지하는 것을 생태계 평형이라고 해요.
- 생태계 평형이 깨지는 원인
  - 자연적인 요인: 홍수, 태풍, 지진, 가뭄, 산불
  - 인위적인 요인: 댐 건설, 도로 건설, 건물 건설 등

② 비생물적 환경 요인이 생물에 미치는 영향

- 온도
  - 동물의 털갈이와 철새의 이동 등에 영향을 줘요.
  - 식물의 잎에 단풍이 들고, 낙엽이 져요.
- 햇빛
  - 식물이 영양분을 만드는 데 필요하고, 꽃이 피는 시기에 영향을 줘요.
  - 동물이 물체를 보는 데 필요하고, 동물의 번식 시기에도 영향을 줘요.
- 물
  - 생물이 생명을 유지하는 데 필요해요.
  - 물이 부족한 사막에서 사는 생물은 물의 손실을 최소화하며 살아가요.
- 공기
  - 생물이 숨을 쉬는 데 필요해요.
- 흙
  - 식물이 자라는 데 필요해요.

③ 환경 오염의 종류와 원인

- 공기 오염: 원인으로 배기가스, 공장의 매연을 들 수 있어요.
  - 자동차의 배기가스는 생물의 성장에 피해를 주기도 해요.
  - 황사나 미세먼지로 동물의 신체 기관에 이상이 생겨 병에 걸려요.

- 물 오염: 원인으로 폐수의 배출과 해상 사고로 인한 기름 유출을 들 수 있어요.
  - 물이 더러워지고 악취가 나며 그곳에 사는 물고기가 죽어요.
  - 유조선의 기름이 유출되면 생물의 서식지가 파괴돼요.
  - 동물이 물체를 보는 데 필요하고, 동물의 번식 시기에도 영향을 줘요.
- 흙 오염: 원인으로 쓰레기 배출, 과도한 농약과 비료 사용 등을 들 수 있어요.
  - 토양이 오염되어 주변에 심각한 악취가 나요.
  - 식물이 잘 자라지 못하거나 죽어요.
- 이 밖에 도로를 만들거나 건물을 짓는 등의 무분별한 개발이 자연환경을 훼손해요.

④ 우리 생활로 인한 환경 오염 사례

- 샴푸 등 합성세제 사용
- 남긴 음식물
- 지나친 일회용품 사용
- 지나친 냉방과 난방

*과학 6학년 2학기 5단원: 에너지와 생활

① 에너지가 필요한 까닭과 에너지를 얻는 방법

구분	에너지가 필요한 까닭	에너지를 얻는 방법
휴대전화	휴대전화를 사용하는 데 필요하다.	콘센트에 연결해 충전한다. 보조 배터리와 연결한다.
자동차	작동하는 데 필요하다.	자동차에 연료를 넣는다.
사과나무	자라고 열매를 맺는 데 필요하다.	햇빛으로 광합성을 하여 양분을 만든다.
사람	살아가는 데 필요하다.	여러 음식을 먹는다.

② 기계, 식물, 동물이 에너지를 얻는 방법

기계	식물	동물
전기나 기름 등에서 에너지를 얻는다.	식물은 햇빛을 받아 광합성으로 스스로 양분을 만들어 냄으로써 에너지를 얻는다.	다른 생물을 먹어 얻은 양분으로 에너지를 얻는다.

③ 다양한 형태의 에너지

열에너지	물체의 온도를 높인다.
전기에너지	전기 기구를 작동하게 한다.
빛에너지	주위를 밝게 비춘다.
화학에너지	생물의 생명 활동에 필요하다.
운동에너지	움직이는 물체가 가진다.
위치에너지	높은 곳에 있는 물체가 가진다.

④ 에너지 전환이란?

　– 에너지의 형태가 바뀌는 것을 에너지 전환이라고 해요.

⑤ 에너지 전환의 예

움직이는 롤러코스터	전기에너지 → 운동에너지 ⇄ 위치에너지
움직이는 범퍼카	전기에너지 → 운동에너지
달리는 아이	화학에너지 → 운동에너지

떠오르는 열기구	화학에너지 → 열에너지 → 운동에너지 → 위치에너지
떨어지는 낙하 놀이기구	위치에너지 → 운동에너지
반짝이는 전광판	전기에너지 → 빛에너지
광합성을 하는 나무	빛에너지 → 화학에너지

⑥ 에너지 전환 과정의 예

- 사람은 식물이나 다른 동물을 먹이로 먹어 화학 에너지를 얻어요.

- 태양전지는 태양의 빛에너지를 전기에너지로 전환시켜요.

- 수력발전소에서는 물의 위치에너지로 전기에너지를 얻고, 물은 태양의 빛

  에너지에서 위치에너지를 얻어요.

세상에서
하나뿐인
나만의
책 만들기

◊ **앞표지**

책 제목, 그림, 지은이, 그린이, 출판사 이름을 적어 줘요.

◊ **뒷표지**

간단한 설명글, 가격, 바코드가 있어요.

◊ **책등**

책 제목, 지은이, 그린이, 출판사를 적어 줘요.

*내 책의 제목은?

~~~~~~

~~~~~~

~~~~~~

*내 책의 주인공

36쪽 '인물'을 복습하면서 아래를 요약해서 적어 봐요. 인물의 모습을 그림으로 그려 봐도 좋아요.

이름	
생김새	
성격 및 특징	

*주변 인물들

주변 인물을 몇 명으로 할지 생각해서 인물의 이름, 성격, 특징을 요약해서 적어 봐요.

인물 1	**이름**	
	성격	
	특징	
인물 2	**이름**	
	성격	
	특징	
인물 3	**이름**	
	성격	
	특징	
인물 4	**이름**	
	성격	
	특징	

*대강의 줄거리

120쪽 '플롯'을 복습하며 발단, 전개, 위기, 절정, 결말의 내용을 요약해서 적어 봐요.